JN409350

한 수필가의 시문선(詩文選)

말[言]을 위한 기도

국립중앙도서관 출판시도서목록(CIP)

말[言]을 위한 기도 : 한 수필가의 시문선(詩文選) / 지은이:
정진권. -- 전주 : 신아출판사, 2012
p. ; cm

ISBN 978-89-97700-28-8 03810 : ₩13000

한국 현대 문학[韓國現代文學]
개인 문집[個人文集]

810.81-KDC5
895.708-DDC21 CIP2012002783

한 수필가의 시문선(詩文選)

말[言]을 위한 기도

정 진 권

수필과비평사

■ 머리말

"수필가가 무슨 이런 책을 다 내?"

혹 이렇게 생각하실 분이 있을지 모르겠다. 나도 잠깐 그런 생각을 했다. 그러나 이런 책도 한 권 내고 싶은 욕심을 못 눌러 이렇게 책을 낸다. 이른바 노욕(老慾)이라는 것이겠다.

이 책은 네 부분으로 되어 있다.

Ⅰ은 시(詩)다. 내가 시를 썼던가? 지난 봄 서가를 정리하다가 우연히 발견한 것이다. 시가 됐든 못 됐든 내가 쓴 글이어서 버릴 수가 없다. 끝 두 수 〈보내고 돌아오는 길〉과 〈하루〉는 며칠 전에 썼다. 앞 두 편은 동시(童詩)다.

Ⅱ는 수필(隨筆)이다. 이 장은 어린이를 위한 수필(童隨筆), 짧은 수필, 보통의 수필, 이렇게 세 부분으로 짜여 있다. 내가 쓴 수필들 중 그래도 좀 마음에 드는 것들이다.

Ⅲ은 소설(小說)이다. 역시 지난 봄 서가를 정리하다가 눈

에 띈 것이다. 아마 30대에 쓴 것 같은데, 그러면 50년 전이다. 내가 그때 소설을 썼다는 게 도무지 믿기질 않는다. 어떻든 내 젊은 날을 보는 것 같아 또 못 버리고 여기 싣는다.

Ⅳ는 넓은 의미의 비평(批評)이다. 이 가운데 〈朴演求(박연구)論〉과 〈許世旭(허세욱)論〉은 내 동갑내기 친구, 그 둘의 사람을 논한 것이고, 그 밖의 것은 약간 천착해 본 글들이다. 이 가운데 〈尹五榮에게 끼친 張岱의 影響〉은 내가 비교문학의 이론을 배우고 처음 써 본 글이다.

이 책은 ≪수필과비평≫의 호의로 세상에 나오게 되었다. 수필과 비평 가족 여러분에게 감사의 뜻을 표한다.

2012년 6월

저자

■ 차례

Ⅰ. 시(詩)

Ⅱ. 수필(隨筆)

Ⅲ. 소설(小說)

Ⅳ. 비평(批評)

시(詩)

종이비행기

높이높이 날아라,
우리 비행기.
파란 하늘 끝까지
높이 날아라.

멀리멀리 날아라,
우리 비행기.
푸른 바다 끝까지
멀리 날아라.

– 문교부 ≪바른 생활≫ 1–1, 1986.

할머니 안경

할머니는 바늘에
실을 꿰시려면
“얘들아, 예들아, 내 안경 다오.”

그것 참 이상하다, 할머니 안경.
내가 쓰면 이렇게
어지러운데.

— 문교부 《바른 생활》 2—2, 1986.

어머니

콜록콜록 그러면
"담배 좀 줄여라."

어쩌다 비실하면
"알맞게 먹어야지."

지금도
들리는 말씀
애타시는 그 말씀.

(1991)

대문 앞에서

내가 밤에 늦으면 아버진 대문 앞을 서성이셨다.
누가 무얼 하느냐고 물으면 담배나 피운다고 하셨다.
줄담배
태우시면서
대문 앞을 서성이셨다.

아이들이 밤에 늦으면 대문 앞을 서성인다.
묻는 사람이 없어도 줄담배를 피운다.
아버지,
일찍 올게요.
지금은 다 소용없는 말씀이다.

(1991)

말[言]을 위한 기도 · 1

하느님, 저를 굽어보소서.
저로 하여금 논리 정연한 말로
반대자들을 설득하게 하소서.
정서가 풍부한 말로
우정의 아름다움을 드러내게 하소서.
언제나 '예.'와 '아니오.'가 분명하게 하소서.

하느님, 저를 굽어보소서.
제가 어떤 어려운 자리에 놓인다 하더라도
말이 정직하게 하소서.
불의를 보았을 때 용기 있게 하시고
동기가 순수한 과오에 대하여 관대하게 하소서.
누구에게도 군림하는 말이 아니게 하소서.

(1999)

말[言]을 위한 기도 · 2

하느님, 저를 굽어보시고
제가 한 말들을 용서하소서.

착한 이웃들의 가슴에 못이 되어 박힌 저의 한 마디,
그들의 아픈 가슴을 위무(慰撫)하시고
제가 한 말을 용서하소서.

착한 그들로 하여금 서로 반목(反目)케 한 저의 한 마디,
그들을 불러 화합(和合)케 하시고
제가 한 말을 용서하소서.

하느님, 저를 내치지 마시고
제가 한 말들을 용서하소서.

(1999)

어허, 달구[1)]

하늘 하나 가득이 함박눈은 퍼붓는데
어허, 달구—
빈 산을 울려.

무명치마 젖은 손 아흔네 해를
훌훌 거두어 이고 임 곁으로 가시는가.

바둑 소리 띄엄띄엄 그 볕 좋은 사랑방
검게 그은 부엌에선 닭 익는 내 풍기더니[2)]

호상(好喪)인데, 호상이라는데 아내는 흐느껴 울고
어허, 달구—
빈 산을 울려.

(2000)

---

1) 일꾼들이 무덤 다지는 소리.
2) 내가 처가엘 가면 장인과 바둑을 두었다. 그때 장모는 부엌에서 닭을 삶았다. 장인 먼저 가고 장모는 그 오랜 뒤에 떠났다.

백운대(白雲臺)

저 봉우리 다 오르면 시원이야 하겠지만
내 힘으로 오르기엔 아무래도 벅차서
중간쯤 술 한잔 들고 앉아 가쁜 숨을 골랐네.

나라고 처음에야 욕심이 왜 없었겠나.
부대끼며 오르자니 아무래도 아니라서
중간쯤 술 한잔 들고 앉아 물소리나 들었네.

이제는 철이 들어 중간쯤이 괜찮아.
숨 쉼도 편하고 물소리 깨끗하고.
중간쯤 술 한잔 들고 앉아 백운대를 잊었네.

(2000)

포장마차

퇴근길에 바람 차거든 포장마차로 가자
빈속에 짜르르 소주 한잔 들이켜면
고달픈 팔다리가 그런대로
풀려

퇴근길에 눈비 퍼붓거든 포장마차로 가자
허공에라도 대고 삿대질 한번 하면
꽉 막힌 가슴이 그런대로
뚫려

서러운 거리의
포장마차 인생은
소주 한잔, 삿대질 한번이
다라네

(2000)

사랑의 괴로움

피천득(皮千得) 선생의 수필 「오월(五月)」을 보면
젊어서 죽었다는 중국 시인의 시가 두 줄 적혀 있네.

得了愛情痛苦
失了愛情痛苦

얻어도 잃어도
사랑은 다 괴롭다는 거야.

잃어서 괴로운 거야 비단 사랑이랴만,
얻어서 괴로운 것이 왜 사랑인가.

그건 모르네,
아파 보지 않고선.

(2000)

돋보기

돋보기를 쓰면
깨알 같은 국어사전도 환히 잘 보인다.
이건 참 고마운 일이지.

그런데 돋보기를 쓰면
곁에 앉은 마누라의 잔주름도 환히 잘 보인다.
이건 별로 고마운 일이 아니야.

그것 참,
썼다 벗었다
고맙고 안 고맙고.

(2000)

보내고 돌아오는 길

그가 갔다.
보내고 돌아오는 강변 선술집,
나는 거푸 두 대접을 들이켜고 詩(시) 한 수 읊었다.

아득한 西海(서해) 끝에 달이 지는데,
그대는 저 달 따라 홀로 가는가,
슬퍼라,
푸른 달빛 속
期約(기약) 없는 이 사람아.*

읊고 들이켜고, 들이켜고 또 읊었다.
西山(서산)에 해가 지고 있었다.

(2012)

---

* 조선 인조 때의 문신이자 시인인 이안눌(李安訥, 1571－1637)의 〈송인조천(送人朝天, 새벽에 임을 보내며)〉. 다음 A는 그 원문, B는 그 직역.

A. 落月落何處, 滄茫遼海西. 君今向此去,
   那得不悽悽. －≪大東詩選≫

B. 지는 달은 어느 곳으로 지는가? 아득히 먼 바다 서쪽이다.(落과 西는 죽음이란 뜻을 함축한다.) 그대는 지금 이(지는 달)를 향해 가니(지는 달을 향해 간다는 것도 죽는다는 뜻), 어찌 슬프지 않겠는가.

하루

오전은,
타닥타닥 컴퓨打,
뒤적뒤적
낡은書.

오후는,
한잔두잔 노을紅,
그럭저럭
하루去.

(2012)

* 일흔아홉老, 그냥 이렇게 산다.

수필(隨筆)

철이의 눈사람

하얀 눈이 펑펑 쏟아집니다.

철이가 눈사람을 만듭니다. 눈덩이를 굴려 눈사람을 만듭니다. 눈, 눈썹, 코, 입도 다 붙였습니다. 바둑이도 좋아서 꼬리를 칩니다.

그런데 고민이 생겼습니다.

"엄마 눈사람을 만드나, 아빠 눈사람을 만드나?"

엄마가 짜 주신 털장갑을 보면 엄마 눈사람이 만들고 싶습니다. 아빠가 사 주신 털모자를 보면 아빠 눈사람이 만들고 싶습니다.

"옳지, 됐다."

철이는 아빠의 밀짚모자를 가져다 씌웠습니다. 그리고 엄마의 헌 앞치마를 가져다 입혔습니다.

(1986)

별들의 세상

밤하늘을 봅니다.
푸른 별들이 초롱초롱 빛납니다.
귀여운 우리 아기의 두 눈같이 맑습니다.
푸른 별들이 옹기종기 모여 앉았습니다.
저녁 식탁에 둘러앉은 우리 가족처럼 정답습니다.
유성이 하나 휙 지나갑니다.
꼭, 엄마 심부름 하기 싫어 밖으로 쏜살같이 달아나는 돌이녀석 같네요.
별들의 세상도 사람 사는 세상 같습니다.

(1986)

슬픈 반달

가을밤이 깊었습니다.
나는 전등을 끄고 자리에 누웠습니다.
창밖 높은 하늘에 반달이 떠 있습니다.

우수수 낙엽 구르는 소리가 들립니다.
찬 하늘에 떠 있는 반달이 너무 추워 보입니다.
구름도 별도 보이지 않습니다.
혼자 떠 있는 반달이 너무 외로워 보입니다.

나는 눈을 감았습니다.
하지만 춥고 외로운 반달 때문에 잠이 오질 않습니다.
밤은 자꾸 깊어 가는데.

(1986)

순이네 전등

저녁이 되면 순이는 전등을 켭니다. 안방에 둘, 마루에 셋, 현관에 하나, 집안이 환하라고 전등을 다 켭니다. 순이는 환한 밤이 좋습니다.

순이가 전등을 켜면 엄마는 전등을 끕니다. 안방에 하나, 마루에 하나, 이렇게 둘만 남기고는 모두 끕니다. 그리고는 순이에게 야단을 칩니다.

엄마도 순이만 했을 때는, 있는 대로 전등을 다 켰습니다. 환한 밤이 좋아서요. 그리고는 할머니한테 야단을 맞았습니다.

자, 그럼 먼 훗날 순이가 엄마가 되면 어떻게 할까요? 지금처럼 환한 밤이 좋아 다 켤까요? 아닐 거예요. 엄마들은 누구든지 한둘만 남기고는 다 끄니까요.

(1989)

열쇠와 자물쇠

열쇠가 자물쇠에게 말했습니다.

"나 없으면 넌 아무 소용도 없게 돼. 잠기지도 풀리지도 못하니까. 그럼 어떻게 되지? 제구실을 못 하는 것은 다 버려지고 말아. 이젠 내 말 알아듣겠니?"

자물쇠는 기분이 나빴지만 할 말이 없었습니다.

그 뒤로 오랜 세월이 흘렀습니다. 열쇠는 아직도 반짝반짝 빛났지만, 자물쇠는 낡아서 더는 못 쓰게 되었습니다. 주인은 자물쇠를 버렸습니다. 그리고는

"그럼 이것도 필요 없지."

하고 열쇠도 함께 버렸습니다.

열쇠는 퍽도 억울했지만 할 말이 없었습니다.

(1989)

바위의 걱정

늦가을의 산입니다.

억새가 서걱서걱 바람과 속삭입니다.

바위가 억새에게 말합니다.

“얘야, 좀 묵직해 보렴. 그렇게 수다를 떨어서야, 원.”

도토리가 뚝 떨어져서 떼굴떼굴 구릅니다.

바위가 도토리에게 말합니다.

“얘야, 좀 묵직해 보렴. 그렇게 가볍게 돌아다녀서야, 원.”

억새와 도토리는 이런 바위가 싫습니다.

“자기만 닮으면 제일인가? 말도 마음대로 못 하게 해.”

“자기만 닮으면 제일인가? 놀러도 마음대로 못 다니게 해.”

수다스러우면 남이 믿지 않는데, 가볍게 돌아다니면 나쁜 물이 들기 쉬운데, 바위는 날마다 걱정입니다. 아빠들처럼, 엄마들처럼.

(1989)

소나무와 진달래

소나무가 진달래에게 말했습니다.

"너는, 꽃은 그냥 괜찮지만, 가을이 되면 가지만 앙상하게 남으니 그거 어디 볼품이 있니?"

진달래가 콧방귀를 킁 뀌며 말했습니다.

"너는, 사철 푸르기는 하지만, 봄에 피우는 그 꽃이라는 것이 어디 눈에 띄기나 하니?"

소나무는 기분이 나빴습니다. 그래 이런 저런 생각에 잠도 제대로 자지 못했습니다.

이튿날입니다. 소나무가 다시 진달래에게 말했습니다.

"네가 봄에 피우는 그 연분홍 꽃은 그렇게 아름다울 수가 없어."

진달래가 환히 웃으면서 말했습니다.

"아름답긴 뭘. 눈서리에도 지지 않는 너의 그 푸른 잎새야 말로 그렇게 미더울 수가 없지."

소나무는 기분이 좋았습니다. 어제는 왜 그렇게 기분이 나빴는지, 오늘은 왜 이렇게 기분이 좋은지, 소나무는 잘 알게 되었습니다.

(1989)

빛깔들의 합창

우리 집의 작은 뜰입니다. 밝은 햇볕 속에 잔디가 파랗습니다. 노란 개나리도 환히 피었습니다. 빨간 채송화, 하얀 딸기꽃, 모두 햇볕 속에 환합니다. 아, 연분홍 모과꽃은 좀 수줍은가 봐요. 푸른 잎새 속에 숨어서 얼굴만 조금 내보입니다. 모두 모두 다정한 표정들입니다.

빛깔들의 합창입니다. 갖가지 빛깔들의 아름다운 목소리가 뜰 하나 가득이 차서 넘칩니다. 지휘자는 하얀 나비 한 마리, 하늘하늘 춤을 추며 지휘를 합니다. 바둑이가 신기한 듯, 춤추는 지휘자를 바라보며 빛깔들의 합창을 조용히 듣습니다. 정말 평화로운 광경입니다.

우리 집의 작은 뜰엔 목소리가 서로 다른 여러 빛깔들이 함께 삽니다. 그러나 어느 누구도 내 목소리를 닮으라고 말하는 일이 없습니다. 목소리가 서로 달라야 아름다운 합창을 빚어 낼 수 있으니까요. 물론 제 목소리만 크게 내는 일도 없습니다. 그러면 합창이 깨질 테니까요.

(1990)

멧새가 한 말

바람과 해가 만났다.

"해님, 안녕하십니까?"

"아, 바람님이시군요. 어딜 그렇게 가십니까?"

"그냥 심심해서 나와 봤습니다."

"실은 저도 심심해서…."

옛날에 이솝이라는 사람이 있었다. 그는 이 심심한 바람과 해에게 힘겨루기를 시켰다. 다 아는 바와 같이 그 겨루기는 저 산 아래로 지나가는 나그네의 외투 벗기기였다.

먼저 바람이 나서서 불어 댔다. 그러나 나그네의 외투는 벗겨지지 않았다. 아니, 바람이 세차면 세찰수록 나그네는 외투 깃을 더 꼭꼭 여미었다. 바람은 기진맥진해서 물러났다. 돌을 날리고 큰 나무도 쓰러뜨리는 그였지만 나그네의 외투는 벗길 수가 없었다.

다음은 해가 나서서 볕발을 쏘아 보냈다. 어느덧 나그네의 이마에 땀이 송글송글 맺혔다. 등에도 땀이 났다. 마침내 나그네는 외투를 벗어 들었다. 힘겨루기에서 이긴 해는 바람을 바라보며 자랑스럽게 웃었다.

멧새 한 마리가 있었다. 그는 소나무 높은 가지에 앉아 처음부터 끝까지 바람과 해의 그 힘겨루기를 지켜보았다.

멧새가 소나무에게 속삭였다.

"바람님은 참 바보네요. 외투 깃을 더 꼭꼭 여미게 하는 힘겨루기를 했더라면 이길 수 있었을 텐데. 해님도 좀 우스워요. 이기도록 짜여진 겨루기에서 이겨 놓고 무에 그리 좋을까?"

소나무는 이 말을 듣고 빙긋이 웃었다.

(1996)

나팔꽃

나는 연녹색 가는 덩굴에 핀 나팔꽃입니다. 나팔꽃은 그대로 나팔입니다. 그러나 소리는 낼 수가 없습니다.

오늘 아침의 일입니다. 저 아래 어느 마을에서 흥겨운 트럼펫 소리가 들려왔습니다. 무슨 축제가 있었나 봅니다. 그 소리는 큰 기쁨을 전하는 즐거운 음악이었습니다.

"아, 나도 사람들이 부는 저런 나팔이었으면 얼마나 좋을까?"

나는 트럼펫이 부러웠습니다. 그때 내 옆에 있던 잎새가 조용히 물었습니다.

"왜 사람들이 부는 나팔이었으면 하니?"

나도 조용히 말했습니다.

"소리를 낼 수 있으니까. 그래서 이 세상 어디든지 기쁨을 전할 수 있으니까. 그렇지 않니?"

"그래, 맞아. 이 세상 어디든지 큰 기쁨을 전할 수 있어. 그런데, 그런데 말이야. 사람들이 부는 나팔이 꼭 기쁨만을 전하는 건 아니야. 큰 슬픔을 전해야 할 때도 많은걸.”

“뭐라구?”

나는 갑자기 머리가 띵해져서 눈을 감았습니다. 잎새가 한 손으로 내 이마를 짚으며 다시 도란도란 말을 이었습니다.

“세상에는 기쁨만 있는 게 아니야. 슬픔도 있어. 그러니까 기쁨을 전하는 기쁨을 맛보려면 슬픔을 전하는 슬픔도 견뎌야 해.”

“싫어. 슬픔을 전하는 건 싫어.”

“그것이 사람들이 부는 나팔의 운명인걸.”

잠시 시간이 흘렀습니다. 나는 내가 소리를 낼 수 없어서 슬픔을 전하지 않아도 된다는 것에 적이 마음이 놓였습니다.

(1999)

순이 누나

무더운 여름날, 소년이 소를 몰고 마을로 돌아오는 석양이었다. 안산 밑 샘에서 아랫집 순이 누나 혼자 물을 긷고 있었다. 소년을 보더니 잔잔히 웃으며 손짓을 했다.

"더운데 물 한 모금 먹고 가."

소년은 물바가지를 받으면서 저도 모르게 순이 누나의 삼베적삼 봉긋한 곳을 흘깃 보았다. 그리고는 얼른 고개를 돌렸다. 누가 본 것 같아서 얼굴이 화끈거렸다.

그날 밤 소년은 마당에 깔아 놓은 멍석 위에 혼자 누웠다. 모깃불 타는 냄새가 매캐했다. 하늘을 우러렀다. 맑고 푸른 별빛이 소나기처럼 쏟아지고 있었다.

"어서 커서 순이 누나랑 살았으면…."

소년은 또 얼굴이 화끈했다.

별빛은 여전히 푸르고 맑게 쏟아졌다.

(2002)

몽실몽실

마을에 점심 연기가 보얗게 피어오를 무렵이면 소년은 푸나무를 한짐 해 지고 또래들과 줄을 지어 산을 내려왔다. 모두 땀범벅이었다.

산을 다 내려오면 맑고 찬 냇물이 기다리고 있었다. 또래들은 냇가에 나뭇지게를 조르란히 세우고는 벌거벗고 그 냇물로 뛰어들었다. 푸푸 얼굴 한번 씻고 두 손으로 그 물 움켜 벌떡벌떡 들이마시면 살 것 같았다. 그쯤 될 때면 어떤 녀석이든 노래 한가락 불렀다. 수없이 부른 그 노래.

오동나무 열매는 딸각딸각,
큰애기 젖가슴은 몽실몽실.

녀석들은 누구든 다 "딸각딸각"은 아주 구성지게 넘기지만 "몽실몽실"을 부르다가는 공연히 킬킬거렸다. 그러면서 제

사타구니가 빠근해지는 것을 느꼈다. 몽실몽실이 어떻게 생긴 걸까?

소년은 아랫집 순이 누나를 생각하고는 아무도 모르게 얼굴을 붉혔다.

(2002)

분이별, 산돌이별

별을 보면 고향이 그립다.

별은 하늘에도 뜨고 샘물에도 떴다. 밤물 길어 가는 분이의 물동이에도 떴다. 물동이를 이고 가다 멀리 성황당을 바라보는 분이의 두 눈에도 별은 와 떴다.

성황당 너머엔 냇물이 흐른다. 장에 갔다 늦게 돌아오는 삼돌이가 바지 걷고 건너는 그 냇물에도 별은 떴다. 지게에는 고등어 한 손이 달랑거리는데 댕기 한 감 몰래 끊어 품은 삼돌이의 가슴에는 분이의 서글서글한 두 눈이 별이 되어 와 떴다.

그날 밤, 반딧불이 흩날리는 연자방앗간에 마을 아이들의 웃음소리도 다 사라지고 나면, 그 어둑한 지붕 위에도 푸른 별 두 개가 똑똑 떴을 것이다. 분이별, 삼돌이별.

별을 보면 고향이 그립다.

(2002)

불볕과 소나기

소년의 옛 마을 그 여름날.

구름 한 조각 바람 한 점 없는 불볕 하늘이다. 밭가의 감나무 잎새는 미동도 않고 돌무더기 호박잎은 축축 늘어진다. 하늘과 땅이 온통 불길 속이다. 소 몰고 콩밭 타는 점돌이의 얼굴이 온통 땀범벅이다.

"사람 죽겠네."

그때 어디선가 먹구름이 모여든다. 갑자기 소나기가 퍼붓는다. 감나무 잎새는 빗속에 통통거리고 호박잎은 다시 생기를 찾아 너울거린다. 산과 들이 온통 소나기로 부옇다. 소 몰고 콩밭 타는 점돌이의 맥고자에도 빗방울이 튄다.

"살 것 같네."

불볕만 있고 소나기가 없었다면 어찌 살았을까?

소년의 옛 마을 그 여름날.

(2002)

장발장

일제 말년, 국민학교(지금의 초등학교) 4학년이던 우리 반 꼬마들은 하루하루가 고달팠다. 거의 매일을 밭매기, 감자 캐기, 풀 베기, 솔뿌리 캐기 등 이른바 근로봉사라는 것에 동원되었던 것이다. 너무 힘들고 배가 고팠다.

점심시간이 되면, 꼬마들은 나무 그늘에 모여 앉아 마파람에 게 눈 감추듯 도시락을 비우고는, 언제 해가 져서 집엘 가나 하고 힘없이 앉아 있었다. 그러던 어느 날 선생님이 이야기를 시작하셨다. 하루에 10분씩.

고달픈 우리 꼬마들에게 큰 위안이 되었던 그 이야기는 장발장의 슬픈 인생. 가엾은 코제트 이야기를 들으면서 눈물을 훔치기도 하고 독사 같은 자베르 형사가 나오면 증오에 떨기도 했다. 그러면서 우리 꼬마들은 고달픔을 잊었다.(그 이야기가 위고의 ≪레미제라블(Les Miserables)≫이라는 것을 안 것은 그 오랜 뒤였다.)

우리는 그 이야기를 들으면서 간접적으로나마 삶에 있어서의 희망과 절망을 체험하고 선과 악에 대한 애증에 눈을 뜨지 않았던가 한다.

(2002)

낙화대(落花臺)

소년의 고향, 푸른 물 길게 휘돌아 흐르는 산 높은 곳에 큰 바위 하나가 우뚝 솟아 있다. 사람들은 이 바위를 낙화대라고 부른다.

옛날 교양과 지조를 갖춘 미모의 기녀(妓女) 하나가 이 고을의 젊은 원님과 깊은 사랑을 나누었다. 아리따운 기녀, 준수한 원님, 그러나 그들의 사랑은 오래가지 못했다. 원님이 서울로 떠나게 된 것이다. 기녀는 떠나는 원님을 조금이라도 더 오래 보려고 이 바위에 올랐다. 그리고 얼마나 지났을까, 원님의 행차가 시야에서 사라지자 저 아래 푸른 물에 몸을 던졌다.

소년은 이 바위를 바라보며 막연하게나마 사랑의 기쁨과 슬픔을 생각하고, 꽃처럼 진 한 여인에게 안타까운 연민의 정을 느끼곤 했다.

(2002)

오답(誤答)과 정답(正答)

내가 고등학교에 다닐 때의 일이다. 언젠가 국어 시험에 "전쟁발발"을 한자로 쓰라는 문제가 난 일이 있다. 나는 어렵지 않게 戰爭勃發을 써 냈다. 그런데 다음 국어 시간에 선생님께서는 내 친구 한 녀석의 터무니없는 오답을 일품(逸品)이라고 극찬하시면서 그 한 시간을 위트(wit)라는 말씀으로 다 때우셨다. 녀석은 勃發을 쓸 줄 몰라 戰爭足足이라고 썼다 한다.

나는 그때 오답을 일품이라고 극찬하신 선생님 말씀에 동의하지 않았다. 그런데 지금은 위트 전무(全無)의 자신의 글을 읽으면서 선생님의 그 말씀에 수긍을 보낼 때가 있다. 선생님께서는 戰爭足足에 동그라미를 치시면서 얼마나 머리가 산뜻하셨을까?

적어도 수필(隨筆)에 있어서는 아둔한 정답보다 산뜻한 오답이 더 정답인 것 같다.

(2002)

무언극(無言劇)

초등학교에 다니던 어린 시절, 나는 언제나 반에서 1,2등 하는 우등생이었다. 그러나 학예회가 돌아오면 늘 뒷전으로 밀려났다. 목소리가 너무 쉬었기 때문이다. 맑고 고운 목소리로 노래 잘 부르는 아이들 앞에 서면 주눅부터 들었다.

이 가여운 우등생의 딱한 사정을 아셨던지 한번은 담임선생님께서 무언극에 출연시켜 주셨다. 늘 뒷전으로만 밀려나던 나에게 있어서 그것은 정말 가슴 뛰는 감격이었다. 나는 지금도 어린 날의 그 무대가 눈에 선하다.

그리고 세월이 흘렀다. 나는 그동안 세상을 살아오면서 내 노래 한마디 제대로 불러 보지 못했다. 생각하면 섭섭한 일이다. 그러나 내게 주어진 무언극만은 열심히 하며 살아 왔다. 이것은 고마운 일이다. 내게 고마운 일이 있다는 것은 또 얼마나 고마운 일인가?

"범사(凡事)에 감사하라." (2002)

약수(藥水)와 독수(毒水)

술을 마치 신선(神仙)의 약수나 되는 것처럼 예찬하는 분들이 있다. 그러나 과연 그럴까? 술에 취하여 고래고래 소리 지르며 싸우는 사람들을 나는 많이 보았다. 술이 만일 신선의 약수라면 그들이 왜 그러겠는가?

술을 마치 악마(惡魔)의 독수나 되는 것처럼 매도하는 분들이 있다. 그러나 과연 그럴까? 조용히 음미하며 즐거운 이야기로 한때를 보내는 사람들도 나는 많이 보았다. 술이 만일 악마의 독수라면 이것이 가능하겠는가?

술은 그냥 술이다. 약수도 독수도 아니다. 그러나 먹는 사람에 따라서는 신선의 약수도 될 수 있고 악마의 독수도 될 수 있는 좀 이상한 물건이다.

내가 먹는 술은 약수일까 독수일까?

(2002)

베레모(帽)

오래전의 어느 겨울날, 대문 앞에 쌓인 눈을 치우다가 동정이 하얀 검정 두루마기에 역시 검정 베레모를 쓰고 지나가는 한 중년 신사를 보았다. 혹 시인이었을까? 아니면 화가였을까? 나는 그분이 누구인지 무얼 하는 분인지 알 수 없었지만, 그 품위 있는 차림새, 특히 그 베레모에서 말할 수 없는 온화함을 느꼈다.

"나도 베레모 하나 사 쓰리라."

그러나 당시 서울에는 그런 베레모가 없었다. 그런데 그 다음해 여름에 일본으로 출장을 가게 되었다. 나는 거기서 프랑스제 하나를 샀다. 그리고 돌아와 겨울을 기다렸다.

드디어 겨울이 왔다. 어느 날 아침 출근을 할 때 나는 그 베레모를 쓰고 거울을 보았다. 그런데 이상했다. 아무리 고쳐 써 봐도 온화함이 풍기질 않는 것이다. 온화함이란 베레모에서 풍기는 것이 아니었다. 다음은 그때 나 혼자 중얼거린 말.

"마음이 온화한 사람은 전투모(戰鬪帽)를 써도 온화하게 보일 거야."

(2002)

짜장면

짜장면은 좀 침침한 작은 중국집에서 먹어야 맛이 난다.

그 방은 퍽 좁아야 하고, 될 수 있는 대로 깨끗지 못 해야 하고, 칸막이에는 콩알만 한 구멍이 몇 개 뚫려 있어야 어울린다. 식탁은 널판으로 아무렇게나 만든 앉은뱅이여야 하고, 그 위엔 담뱃불에 탄 자국들이 검게 또렷하게 무수히 산재해 있어야 정이 간다. 방석도 때에 절어 윤이 나고 손으로 잡으면 단번에 쩍 하고 달라붙는 것이어야 앉기에 편하다.

고춧가루 그릇은 약간의 먼지가 끼여 있는 것이 좋고, 금이 갔거나 다소 깨어져 있으면 더욱 운치가 있다. 그리고 그 안에 담긴 고춧가루는 누렇고 굵고 억센 것이어야 한다. 식초병이나 간장병도 다소 때가 끼여 있어야 가벼운 마음으로 손을 댈 수 있다. 짜장면 그릇으로 가장 흔한 것은 희고 납작하게 생긴 것인데, 할 수 있으면 거무스레하고 이가 한두 군데쯤 빠진 것이 좋다.

그리고 그 집 주인은 뚱뚱해야 한다. 머리엔 한 번도 기름을 바른 일이 없고, 인심 좋은 얼굴엔 개기름이 번들거리며, 깨끗지 못한 손은 소두방만 하고, 신발은 여름이어도 털신이어야 좋다. 나는 그가 때에 전 검은색의 중국옷을 입고 있길 바라지만 지금은 그런 옷을 보기 어려우니 낡은 스웨터로 참아 두자. 어떻든 이런 주인에게 돈을 치르고 나오면 언제나 마음이 편하다.

내가 어려서 최초로 대면한 중국 음식이 짜장면이고(짜장면이 정말 중국의 전통적인 음식인지 어떤지는 따지지 말자.), 내가 처음 가 본 내 고향의 중국집이 그런 집이고, 이따금 흑설탕을 한 봉지씩 싸 주며 “이거 먹어해, 헤헤헤.” 하던 그 집 주인이 그런 사람이어서, 나는 중국 음식이라면 우선 짜장면을 생각했고 중국집이나 중국 사람은 다 그런 줄로만 알고 컸다.

스무 살 적 서울에 처음 왔을 때도 나는 짜장면을 잘 사 먹었는데, 그 그릇이나 맛, 그 방안의 풍경, 비록 흑설탕은 싸 주지 않았으나 그 주인의 모습까지도 내 고향의 그 짜장면, 그 중국집, 그 장궤와 별로 다르지 않았다. 변두리만 다녀서 그랬을까? 해서 내가 처음으로 으리으리한 중국집 그 엄청난 중국 요리 앞에 앉았을 때 나는 그것들이 온통 가짜처럼 보였고 겁이 났고 안 올 데를 왔나 싶었다.

그동안 서울 시골 할 것 없이 음식점은 많이도 불어났다.

한식, 중국식, 일본식, 서양식, 또 무슨 식이 더 있는지 모른다. 값이 비싸다는 데도 있고 보통이라는 데도 있고 싼 듯한 곳도 있다. 비싸다는 곳은 잘 모르지만 보통이라는 데는 더러 가 보았다. 그러나 얻어먹을 때는 불안하고 내가 낼 때는 갈빗대가 휘어서 그곳의 분위기와 음식 맛을 한 번도 제대로 감상하지 못했다.

그러므로 내가 그래도 마음 놓고 갈 수 있는 곳은 그 싼 듯한 곳일 수밖에 없고, 그 싼 듯한 곳 중에선 위에 말한 그런 주인의 그런 중국집일 수밖에 없는 것이다. 싸구려 한식은 집에서 늘 먹으니 갈 필요가 없고, 싸구려 왜식이나 양식은 먹어 봤자 국적도 찾을 수가 없기 때문이다(국적 있는 왜, 양식을 먹으려면 비싸다는 데 내지 최소한 보통이라는 데는 가야 할 것이다.).

그러나 내 친애하는 짜장면 장수 여러분도 자꾸만 집을 수리하고 늘리고 새 시설을 갖추는 모양이다. 돈을 벌고, 나보다 더 훌륭한 고객을 맞고, 그리하여 더 많은 돈을 벌고 싶은 것이야 물론 그분들의 정당한 소원이겠지만, 그러나 우리 동네와 내 직장 근처에만은 좁고 깨끗지 못한 중국집과 내 어리던 날의 그 장궤 같은 뚱뚱한 주인이 오래오래 몇만 남아 있었으면 한다.

그러면 나는 어느 토요일 저녁때 혹은 일요일 점심때 호기 있게 내 아이들을 인솔하고 우리 동네 그 중국집으로 갈 것이다. 아내도 그때만은 잠시 가계부를 잊고 흔쾌히 따라나설 것이다. 아이들은 입술에다 볼에다 짜장을 바르고 깔깔대며 맛있게 먹을 것이고, 아내는 잔잔히 웃으며 나와 아이들을 바라볼 것이다. 그러면 나는 모처럼 유능한 가장이 될 수 있을 것이다.

퇴근길에 친구를 만나면 나는 그의 손을 이끌고 내 직장 근처의 그 중국집으로 선뜻 들어갈 것이다. 그리고는 양파 조각에 짜장을 묻혀 들고, 또는 따끈한 군만두 하나를 집어 들고 "이 사람 어서 들어." 하며 고량주 한 병을 맛있게 비운 다음 함께 짜장면을 나눌 것이다. 내 친구도 세상을 좁게 겁 많게 사는 사람이니 나를 보고 그래도 인정 있는 친구라고 할 것 아닌가?

짜장면은 좀 침침한 작은 중국집에서 먹어야 맛이 난다.

(1973)

비닐우산

언제 어디서 샀는지 모르지만 우리 집에도 헌 비닐우산이 몇 된다. 아시다시피 한 번 쓰고 나면 버려도 좋을 이 비닐우산은 한 군데도 탄탄한 데가 없다. 눈만 흘겨도 금방 부러질 듯한 살하며 당장이라도 팔랑거리며 살을 떠날 것 같은 비닐 덮개하며 참 볼품없는 우산이다. 그러나 그런대로 우리의 사랑을 받을 만한 덕을 갖추고 있으니 아주 몰라라 할 수는 없을 듯하다.

우리가 길을 가다가 갑자기 비를 만났을 때 가난한 주머니로 쉽게 사 쓸 수 있는 우산은 이것밖에 없다. 물건에 비해서 값이 싼지 비싼지는 알 수 없지만, 어떻든 一金百원也로 비를 안 맞을 수 있다면 이는 틀림없이 비닐우산의 덕이 아니겠는가?

값이 이렇기 때문에 어디다 놓고 와도 섭섭지 않은 것이 또 이 비닐우산이다. 가령 우리가 퇴근길에 들른 대폿집에다 헝겊우산을 놓고 나왔다고 생각해 보라. 우리의 대부분은 버스를 돌려 타고 그리로 뛰어갈 것이다. 그래서 헝겊우산을 받고 나온 날은 그 우산을 어디다 놓고 올까봐 신경을 쓰게 된다. 하지만 하루 종일 썩인 머리로 대포 한잔하는 자리에서까지 우산 간수 때문에 조바심할 수는 없는 일 아닌가? 버리고 와도 아까울 게 없는 비닐우산은 그래서 좋은 것이다.

비닐우산을 받고 위를 쳐다보면, 우산 위에 떨어져 흐르는 맑은 빗방울이 보인다. 가만히 귀를 기울이면 그 빗방울들이 떨어지며 내는 싱그러운 빗소리도 들린다. 투명한 비닐덮개 위로 흐르는 그 맑은 빗방울, 묘한 리듬을 튕겨내는 그 싱그러운 빗소리, 단돈 百원으로 사기에는 너무 미안한 예술이다.

바람이 좀 세게 불면 비닐우산은 곧잘 뒤집힌다. 그것을 바로잡는 한동안, 옷은 다소 비를 맞지만 우리는 즐거운 짜증을 체험할 수 있고, 또 행인들에게는 가벼우나마 한때의 밝은 미소를 선사할 수 있어서 좋다. 그날이 그날인 듯 개미 쳇바퀴 돌듯 하는 우리의 지루한 생활 속에, 그것은 반 박자짜리 쉼표처럼 산뜻한 변화를 불러일으키는 것이다.

좀 오래된 이야기 하나. 퇴근을 하려고 일어서다 보니 창밖에 부슬부슬 비가 내리고 있었다. 나는 캐비닛 뒤에 두었던 헌 비닐우산을 펴들고 사무실을 나왔다. 살이 한 개 부러져 있었다. 버스정류장으로 가는 길, 비가 갑자기 세차졌다.

머리는 어떻게 가렸지만 옷은 다 젖다시피 했다. 그때였다. 누군가가 뛰어들었다. 책가방을 든 어린 소녀였다. 젖은 이마에 머리카락이 흩어져 있었다. 예고도 없이 뛰어든 그 침입자는 다만 미소로써 양해를 구할 뿐 말이 없었다. 우리는 버스정류장까지 함께 걸었다. 옷은 젖지만, 그래도 우산을 받고 있다는 안도감이 거기 있었다. 이윽고 소녀의 버스가 먼저 왔다. 미소와 목례를 함께 보내고 소녀는 떠났다. 이상한 공허감이 비닐우산 속에 남았다.

나도 곧 버스를 탔다. 피곤해서 한참 눈을 감았다가 떴다. 버스가 막 미아리고개에 서고 있었다. 비는 여전히 쏟아지는데 정류장엔 우산꽃이 만발했다. 아버지를 기다리는 아들딸들, 오빠나 누나를 기다리는 오누이들, 남편을 마중 나온 아낙네들일 것이다. 버스에서 내린 사람들은 용케도 자기를 맞으러 나온 우산을 잘 찾아내는 듯했다. 잠시였지만 아름다운 풍경이었다.

그때 차창 밖 저만치에 한 여인이 보였다. 그녀는 비닐우산을 받쳐들고 버스 안을 살폈다. 남편을 기다리는 신혼의 여인이었을까? 버스는 또 떠났다. 그녀는 우두커니 서 있었다. 몇 번이나 버스를 그냥 보냈을까? 말없이 떠나는 버스를 조금은 섭섭하게 바라볼 그녀의 고운 눈매가 눈앞에 어른거렸다. 나는 또 눈을 감았다. 다음 버스에선 그녀가 기다리는 사람이 꼭 내렸을 것이다. 그리고 용케 알아보고는 그녀의 비닐우산 속으로 성큼 뛰어들었을 것이다. 왜 이렇게 늦었느냐는 원망의 눈길과 미안해하는 은근한 미소, 찬비에 두 몸이 다 젖는대도 그 사랑은 식지 않을 것이다.

비닐우산은 참 볼품없는 우산이다. 그러나 몰라라 하기에는 너무 좋은 우산이다. 그리고 값싼 인생을 살며, 조금만 바람이 불어도 넘어질 듯 부실한 사람, 그런 몸으로나마 아이들의 머리 위에 내리는 찬비를 가려주려고 버둥대는 삶, 비닐우산은 어쩌면 나와 비슷한 데도 적지 않은 것 같아서 때때로 혼자 받고 비 오는 길을 걸어보는 우산이기도 하다.

(1975)

아름다운 삶의 뜰

우리 집 뜰은 낮에 해가 잘 든다. 좁기는 하지만 아름다운 삶이 있다. 꽈리, 딸기, 고추, 호박―. 빛나는 해는 그 밝은 빛으로 이들의 삶을 지켜준다. 나는 친정어머니처럼 이따금 이 삶들을 들여다본다. 밥은 제대로 끓여먹는지, 잠은 제대로 자는지, 아픈 아이는 없는지, 이런 생각을 하면서.

꽈리는 요 몇 년 전에 누가 주어서 한 포기 심은 것인데, 지금은 담 밑을 온통 다 차지하고 있다. 봄에 솟아나는 꽈리 싹은 도무지 그 수를 셀 수가 없을 만큼 많다. 참으로 왕성한 생명력이다. 여름이 되면 연둣빛 꽈리가 팥알만 하게 맺힌다. 이윽고 그것들이 자라 빨갛게 익으면 꼭 등을 달아놓은 것 같다. 가지마다 주렁주렁 매달린 등불, 사월초파일 밤의 어느 절보다도 더 많을 것이다. 무슨 소원이 그리도 간절하기에 그토록 많은 등을 다는 걸까? 왕성한 삶에의 의지와 간절한 기원, 꽈리는 이런 것으로 하여 해마다 짙은 삶을 누리나 보다.

딸기도 재작년에 누가 주어서 두어 포기 심은 것인데, 이것도 쭉쭉 순을 뻗쳐 새끼를 치더니 어느새 십여 호가 넘는 한 마을이 되었다. 이 딸기는, 벌레 먹은 잎새를 보면 좀 안쓰러우나 그 속에 피는 하얀 꽃은 여간 순결해 보이질 않는다. 그 꽃이 지는가 하면 푸르뎅뎅한 열매가 맺힌다. 그러다가 어느 날 문득 생각나 들여다보면 그 열매들이 어느새 자라 선혈 빛으로 물들어 있는 것이다. 그것들은 작으나마 불타는 정열의 표상이다. 비록 벌레에 시달린다 하더라도 순결과 정열은 딸기가 추구하는 삶의 변치 않는 주제인 듯하다.

고추는 해마다 몇 포기씩 사다 심는다. 이 어린 녀석들이 한 뼘 남짓 자라면 하얀 꽃이 핀다. 크지도 눈부시지도 않은 겸허한 꽃이다. 그 꽃이 지는가 하면 녹두알 같은 열매가 맺힌다. 그때 불볕이 내리쬔다. 소나기도 퍼붓는다. 그동안에 열매는 풋고추로 의젓하게 자라 있다. 불볕과 소나기에 시달린 흔적은 찾아볼 수 없다. 푸르고 싱싱한 몸에 윤이 흐른다. 호되게 맵다. 그러나 풋고추는 더 매울 날을 기다린다. 꽃으로는 겸허하면서 열매로는 호되게 매운 고추, 그러면서도 더 매울 날을 기다리는 그의 삶은 함부로 범하기 어려운 데가 있다.

호박도 몇 포기씩 해마다 사다 심는다. 호박은 잎새가 깔끔하질 못하다. 꽃도 싱겁게 크기만 한 것이 여간 헤퍼 보이질 않는다. 그런 것이 또 꼭 남의 신세를 진다. 파리도 딸기도 고추도 다 제 힘으로 제 삶을 버티는데 이것은 하다못해 썩을 새끼줄이라도 감아야 올라간다. 그러나 그런대로 또 감동적인 장면이 있으니—, 간밤에 무서리가 내린 어느 날 아침 문득 보면, 소담스런 호박 몇 덩이를 남겨 놓고 저는 이미 죽어 있는 것이다. 볼품도 없고 남의 신세나 졌지만, 그러나 그의 한 삶의 징표가 뚜렷하니 이 또한 후회 없는 삶이 아니겠는가?

우리 집 뜰의 이런 삶들 위에 벌들이 날아온다. 이들은 꽃에서 꽃으로 날아다니며 꿀을 딴다. 꽃들은 이들을 맞으며 열매를 맺는다. 이리하여 양쪽이 함께 하느님의 뜻을 실현한다. 흰나비와 노랑나비도 날아온다. 이들은 아름다운 춤을 추어 우리 집 뜰의 여러 삶의 노고를 위로한다. 하루도 거르지 않고 찾아와 노래하는 것은 참새들이다. 이들은 그 노래로써 하느님의 은혜를 찬양하고 우리 집 뜰의 여러 삶들의 아름다움을 예찬한다. 벌들도 나비들도 참새들도 모두 다 고맙고 소중한 존재가 아닐 수 없다. 그들의 삶 또한 아름답지 않은가?

우리 집 뜰은 밤에 별이 많이 뜬다. 좁기는 하지만 넉넉한 안식이 있다. 파리, 딸기, 고추, 호박—. 푸른 별들은 그 맑은 빛으로 이들의 안식을 지켜준다. 나는 뜰 한 바퀴 둘러보고 별 한번 쳐다보고 방으로 들어온다. 딸네 집을 떠나는 친정 어머니처럼 다음에 또 들여다볼 것을 생각하면서.

(1986)

개미論

가재는 눈도 있고 수염도 있어서 제법 그럴듯한 풍채인데 굼벵이는 눈도 없고 수염도 없이 그저 초라한 모습이다. 자, 여러분은 이렇게 된 연유를 아시는가?

옛날 어느 곳에 가재와 굼벵이가 서로 이웃해서 살았다. 그런데 가재는 수염이 있는 대신 눈이 없고 굼벵이는 눈이 있는 대신 수염이 없었다. 그래서 겉으로는

"이 위엄 있는 수염, 어험."

"이 밝은 눈은 어떻고?"

하며 서로 제 것을 자랑했지만, 가재는 굼벵이의 밝은 눈이 탐났고 굼벵이는 가재의 위엄 있는 수염이 부러웠다. 그러다가 어느 날 그들은 그 수염과 눈을 서로 바꾸기로 했다.

먼저 굼벵이가 제 눈을 빼서 가재에게 주었다. 가재가 굼벵이의 밝은 눈을 받아 달고 보니 세상은 더없이 환하고 저의 수염은 더욱더 위엄 있게 보였다. 그래서 가재는 저의 그 위

엄 있는 수염을 굼벵이에게 내줄 생각이 없어졌다. 굼벵이는 가재가 그 수염을 선뜻 내주지 않자

"왜 이렇게 꾸물대는가?"

하고 가재를 다그쳤다. 그러자 가재는

"눈도 없는 놈이 수염은 달아서 무얼 해?"

하고는 그냥 가 버렸다.

옆에서 이 광경을 지켜본 개미는 굼벵이의 하는 짓과 그 당하는 꼴이 너무 우스워서 웃고 웃고 하다가 그만 허리가 잘록해졌다.

나는 이 이야기를 들었을 때 그 굼벵이란 놈이 여간 한심스럽지가 않았다. 아무리 수염이 부럽기로서니 눈을 주고 바꾸다니, 그는 저의 눈이 얼마나 소중한 것인지를 알지 못했다. 게다가 그 수염이라는 것마저도 꼭 받을 수 있다는 아무 보장도 없이 제 눈을 먼저 덜컥 뽑아주었다. 무지(無知)와 경박(輕薄), 참으로 한심스러운 놈이다. 수백 번 세인(世人)의 웃음을 사 마땅하지 않은가?

나는 또 가재라는 놈이 참으로 괘씸했다. 아무리 새 욕심이 생겼기로서니 제 수염은 모 내주겠다니, 신의(信義)란 털끝만치도 없는 놈이다. 게다가 그 하는 말 좀 들어보라. 눈도 없는 놈이 수염은 달아서 무얼 하느냐구? 그럼 제놈은 지금까지 눈이 있어서 수염을 달았단 말인가? 배신(背信)과 모순(矛盾), 참으로 괘씸한 놈이 아닐 수 없다. 수천 번 세인의

질타를 받아 마땅하지 않은가?

가재와 굼벵이 이야기를 듣고 이쯤 생각하고 있는데 어디선지 자지러지게 웃어대는 개미의 웃음소리가 들려왔다. 순간 얄미운 생각이 펀뜻 들었다. 아니, 괘씸했다. 굼벵이의 무지와 경박은 허리가 끊어지게 웃어대는 놈이 가재의 배신과 모순에 대해선 일언반구 말이 없는가? 더구나 배신과 모순은 무지와 경박과는 달리 부도덕(不道德)까지 한 것이다. 그런데도 말은 고사하고 손가락질 한 번이 없다.

그렇다면 개미란 놈은 왜 그토록 편파적이었을까? 굼벵이의 무지와 경박이 하도 우습다보니 가재의 배신과 모순은 미처 눈에 띄지 않았던 것일까? 그럴 수도 있다. 그러나 그렇지 않을 수도 있다. 약간의 상상을 보태보자. 만일 굼벵이에게 예민한 촉각과 날카로운 이빨이 있었다면 어떻게 되었을까? 그럴 때도 개미란 놈이 그토록 편파적일 수 있었을까?

굼벵이는 처음부터 개미가 두려워할 만한 아무것도 가지지 못했다. 게다가 이제는 눈까지 없다. 그러므로 백번 웃어주어도 보복당할 염려가 없는 것이다. 그러나 가재는 그렇지 않다. 옆걸음을 쳐도 개미보다는 빠르고, 이제는 눈까지 달았으니 숨을 수도 없다. 잘못 보였다가는 언제 그 예리한 집게발에 허리가 잘릴는지 모른다. 개미는 물론 이런 것을 잘 알았을 것이다.

내가 이 글을 쓴 것은 굼벵이의 무지와 경박을 비웃으려는 것이 아니었다. 가재의 배신과 모순을 질타하려는 것도 아니었다. 다소 그런 뜻이 없는 것은 아니었지만, 그보다는 개미의 간악한 편파성을 꾸짖자는 것이 주된 목적이었다. 개미는 가재의 잘못을 질타했어야 한다. 보복이 두려워 그러지 못했다면 굼벵이의 어리석음도 비웃지 말았어야 한다. 그래야 공평하지 않은가?

그러나 이제는 더 꾸짖을 용기가 나질 않는다. 아니, 앞에서 몇 마디 꾸짖은 것도 오히려 취소하고 싶은 심정이다. 지금 개미란 놈이 어떻게 알고 찾아와 나에게 삿대질을 하며 고래고래 소리를 치고 있다.

"이봐요, 정 선생. 내가 당신에게 보복할 만한 힘이 없다고 해서 이렇게 나를 매도하는 거요? 호랑이가 나처럼 해도 이럴 거요?"

내 발이 저리니 어떻게 더 개미를 꾸짖겠는가? 너에게서 나온 것은 너에게로 돌아간다(出乎爾者返乎爾－孟子)는 옛말이 있다. 내가 개미를 꾸짖은 말이 나를 꾸짖는 말로 돌아오다니, 참으로 말의 어려움을 알겠다. 그럼 어찌할까? 호랑이를 꾸짖을 수 있는 용기를 가질 때까지는 개미를 꾸짖는 일을 삼갈 수밖에 없다. 적어도 공평(公平)이라는 것을 우리가 숭상해야 할 가치(價値)라고 믿는다면.

(1993)

빙긋과 쿡

어제 오전, 김 선생은 강의에 꼭 필요한 책이 한 권 있어서 버스를 타고 교보문고엘 갔다. 물론 집을 나서기 전에 지갑을 열어 보았다. 만 원짜리 다섯 장, 천 원짜리 한 장이 얌전하게 들어 있었다. 비싼 책 살 것도 아니니 이만 하면 충분하다 싶었다. 책값은 한 권을 더 사게 되어 2만8천 원이었다. 그런데 책을 사 들고 버스를 기다리다가 친구 한 사람을 만났다. 주유소 하는 강 사장이다.

"교수님께서 웬일로 여기 서 계시니?"

"음, 책 한 권 샀어. 사장님께선 웬일이시니?"

그들은 충청도 먼 골짜기 한 작은 고등학교의 동기다. 서울에 그런 사람이 몇 있어서 매달 한 번씩 모여 삼겹살 구워 놓고 소주 한잔씩을 한다. 회비는 1만5천 원, 만 원 먹고 5천 원은 적립을 하는데, 이 회비가 많으냐 적으냐 하는 것은 따지지 말자. 어떻든 이 모임에는 아주 품위 없는 말도 함부로 쏟아놓을 수 있는 무한의 신뢰와 자유가 있다. 머리 허연 악동들의 천진한 한때, 단돈 1만5천 원으로 어딜 가서 이걸 사겠는가?

각설하고. 이 모임이 끝나면 강 사장이 으레 김 선생에게 바둑을 두자고 한다. 강 사장은 4급, 김 선생은 6급이다. 바둑은 잘 못 두지만 관전은 좋아하는 친구가 하나 있어 부득이한 일이 없는 한 그들 셋은 함께 기원엘 간다. 전적은 7대3으로 김 선 생이 열세다. 바둑이 끝나면 또 생맥주 한잔씩을 하고 헤어지는데, 맥주 값을 지불하는 횟수는 강 사장이 6, 김 선생이 3, 관전군이 1 정도다. 그러니까 강 사장이 김 선생의 두 배는 내는 셈이다. 바둑 값은 반반쯤 된다.

며칠 있으면 또 이 모임이 있다. 그러나 그때 보자며 헤어질 그들이 아니다. 김 선생이 먼저

"바쁘니?"

했다. 강 사장은 무심한 듯

"바쁘면 어쩌라고?"

하면서 앞장을 섰다. 그때 김 선생은 지갑 속에 남은 돈이 생각났다. 계산을 해 보았다. 가용 금액 2만천 원(돌아갈 비용 2천 원 제하고), 이만하면 둘이 소주 한잔은 하겠지 싶으면서도 적이 불안했다. 그래 말했다.

"거 순두부 자글자글 끓여 놓으니까 소주 안주로 괜찮더라."

그러자 강 사장이 한 번 빙긋 웃고는 내뱉듯이 말했다.

"더운데 무얼 자글자글 끓여?"

그리고 그는 한마디 묻지도 않고 가까운 2층 중국집으로 휙 들어갔다. 순간 김 선생은 강 사장의 입가에 돌던 그 웃음, 그리고 내뱉듯 하던 그 말투가 좀 석연치 않았다.

별로 넓지도 깨끗지도 않은 중국집 홀은 한산했다. 머리에 노랑 물 들인 종업원 녀석이 다가와 엽차를 따랐다. 강 사장이 또 묻지도 않고

"돼지고기 바삭바삭하게 하나 튀기고 우선 참이슬 한 병."
하고는 담배를 꺼내 물었다. 튀김 하나에 만2천 원, 소주 한 병에 3천 원이니 두 병 잡고 6천 원, 김 선생이 언뜻 계산해 보니 그래도 아직 3천 원의 여유가 있다. 제발 더나 시키지 말아라(그때 왜 나는 카드 한 장이 없었을꼬?). 그런데 두 병째 소주가 반 병쯤 남았을 때, 강 사장이 아직 반은 남은 튀김접시를 가리키며 말했다.

"갑자기 고량주 생각이 난다. 딱 한 병만 하자."

물론 김 선생이 동의할 리 없다.

"그만 해. 대낮에 무슨…."

사실 김 선생도 고량주 한잔 더 하고 싶었다. 소주 한 병에 고량주 반 병을 더하면 그 취기가 환상적이다. 그러나 고량주 한 병에 5천 원이다. 그러면 마이너스 2천 원이 된다. 눈치 없는 강 사장은 화장실에 좀 다녀오겠다면서 한마디 덧붙였다.

"그리구 점심때야. 너 짜장면 좋아하지?"

김 선생이 고개를 저으며 말했다.

"나 오늘 집사람하고 점심 같이 하기로 했어. 곧 가봐야 해."

강 사장은 또 빙긋 웃고는 일어섰다. 짜장면은 강 사장 말대로 김 선생이 퍽 좋아하는 음식이다. 그러나 한 그릇에 3천 원, 두 그릇이면 6천 원, 그러면 마이너스 8천 원이다. 서양에는 더치페이라는 것이 있다고 한다. 김 선생은 문득 그 말이 떠올랐다. 그러나 그것은 말도 안 되는 소리다. 한잔 하자고 누가 먼저 운을 뗐는데? 더구나 더 많이 얻어먹어 온 그로서는 생각만 하는 것도 염치없는 짓이다.

자 어찌하면 이 곤경을 모면할 수 있을까? 김 선생은 자작으로 소주 한 잔을 죽 비우고 창밖을 내다보았다. 종로에는 차들이 질주하고 있었다. 담배에 불을 붙였다. 만 원짜리 한 장만 더 있으면 강 사장이 하자는 대로 그래그래 하면서 다 할 수 있다. 거기다 5천 원만 더 있으면 먹든 안 먹든 고량주 한 병 더 하자며 큰소리도 칠 수 있다. 아, 1만5천 원. 그러나 이런 가정법에 무슨 의미가 있겠는가? 순간 계책이 하나 퍼뜩 떠올랐다. 아직 3천 원의 여유가 있지 않은가? 강 사장이 자리에 없는 지금 얼른 계산을 끝내면 되는 것이다. 김 선생은 피우던 담배를 천천히 비벼 껐다.

"창밖에 뭐가 있다고 그렇게 정신없이 내다보고 있니?"

언제 왔는지 강 사장이었다. 바로 뒤에 잇따라 노랑머리

종업원 녀석이 고량주 한 병을 가져다 놓는다. 김 선생이 녀석에게 말했다.

"이거 도루 가져가. 먹을 사람 없어."

녀석이 말했다.

"네? 벌써 계산도 다 긁으셨는데요."

김 선생이 어이없는 표정을 짓자 강 사장이 말했다.

"책값이 좀 비쌌던 게로구나."

"무슨 소리야 그게?"

"순두부 자글자글 끓여 놓으니까 소주 안주로 좋더라며?"

김 선생은 정말 어이가 없었다. 그렇다면 이 녀석이 내 속을 빤히 들여다보고 있었다는 말인가? 빙긋 웃던 그 웃음, 내뱉듯 하던 그 말투, 어째 좀 석연치 않다 했더니. 고량주 한 병이 바닥이 나자 곧 짜장면이 왔다. 강 사장이 물었다.

"너 생맥주 값은 있지?"

김 선생은 저도 모르게 쿡 하고 웃었다. 에라, 이 능청맞은 녀석.

창밖 길 건너에 기원 간판이 아물아물 보였다. 김 선생이 물었다.

"저게 기원 맞지?"

강 사장이 고개를 끄덕이며 말했다.

"저 근처에 호프집도 있을걸."

두 사람의 입술에 짜장이 묻었다. 강 사장이 후루룩거리는 김 선생을 보고 또 빙긋 웃었다. 김 선생이 빙긋 웃는 강 사장을 보고 또 쿡 웃었다.

중국집 낡은 괘종시계가 한 점을 뎅 쳤다.

(1999)

달걀 둘 셋 하나

"이봐, 달걀 둘 셋 하나가 무슨 말이야?"

"글쎄? 달걀에다 번호를 붙였나? 그렇다면 하나 둘 셋이거나 셋 둘 하나라야지 왜 둘 셋 하나야?"

이 글의 제목이 좀 혼란스럽다면 용서하시기 바란다. 나는 오늘 아침 좀 볼 게 있어서 속담사전을 들추었는데, 그때 '달걀로 바위 치기'라는 참 턱도 없는 말이 눈에 띄었다. 순간 달걀 두 개가 아주 정다운 모습으로, 다음은 달걀 세 개가 도란거리며, 그 다음은 달걀 한 개가 간절한 기원을 드리면서 내 눈앞을 지나갔다. 아니, 이 차례는 내 착각인지도 모른다. 달걀 하나가 제일 먼저 지나갔을 수도 있다. 그러므로 차례에는 개의치 마시기 바란다.

각설하고. 여러분은 우선 달걀 두 개가 아주 정다운 모습으로 내 눈앞을 지나갔다는 말이 무슨 소리인지 모르실 것이다. 나는 이 말의 뜻을 설명하기 위하여 내가 전에 읽은 수필

한 토막을 다음에 옮기려 한다.

> 아파트 입구 공터에 매주 두 번씩 알뜰장이 선다.
>
> 지지난 장날이다. 콩나물 천 원어치를 샀는데 좀 많았다. 그러나 퇴하기도 어려워 그냥 들고 달걀가게로 갔다. 달걀가게 새댁이 콩나물이 참 맛있어 보인다고 했다. 그래 절반을 덜어주었다. 집에 와 세어 보니 달걀 두 개가 더 들어 있었다. 나는 혹 새댁의 실수인가 해서 다음 장날 달걀 얘기를 했다. 새댁은 알고 더 넣은 것이라며 콩나물 맛있었다는 말만 앞세웠다.
>
> – 박세경, 〈덤과 에누리〉

그 후로 지은이는 아마 다른 달걀가게는 가지 않았을 것이다. 지금도 물론 가지 않을 것이다. 달걀 두 개가 대단해서 그런 것은 아닐 것이다. 겉으로 드러내지 않고 속으로 몰래 더 넣는 새댁의 마음 씀이 두고두고 애틋해서 그럴 것이다. 새댁도 지은이가 오면 더 반가울 것이다. 잔잔한 웃음을 띠고 자기네 가게만 찾아오는 손님…. 둘은 사고파는 사이지만 한동네 사는 착한 시누이올케처럼 늘 정답게 지낼 것이다.

여러분은 아마 달걀 세 개가 도란거리며 내 눈앞을 지나갔다는 말도 무슨 소리인지 모르실 것이다. 나는 이 말의 뜻을 설명하기 위해서도 역시 내가 전에 읽은 수필 한 토막을 다음에 옮겨야겠다.

서쪽 담 너머에는 세영이네가 살고 있다. 처음 세영이네가 이사를 왔을 때는 한동안 서먹하게 지냈다. 그런데 어느 날 세영이 엄마가 담 너머로 고개를 내밀었다. 그리고 이렇게 말했다.

"달걀 세 개만 꾸어 주시겠어요?"

나는 달걀 세 개를 담 너머로 넘겨주었다. 잠시 후 칼국수 한 그릇이 담을 넘어왔다.

– 김국자, 〈귀여운 이웃들〉

이 글의 달걀 세 개는 앞에 말한 달걀 두 개처럼 그렇게 애틋한 것은 아니다. 그저 꾸어 달래서 꾸어 준 것뿐이다. 세영이 엄마로서도 크게 고마울 게 없는 그저 흔한 달걀이다. 그런데 그저 그런 달걀 세 개가 칼국수 한 그릇을 불러왔다. 마침내 서먹한 담이 헐린 것이다. 그 후로 지은이와 세영이 엄마는 다른 이웃도 한 사람 더 부르고, 도란도란 이야기를 나누며 시장도 함께 가고 차도 함께 마셨을 것이다.

끝으로 달걀 하나 이야기. 다음에 보이는 글은 어느 아들이 그 어머니에게 쓴 편지의 한 부분이다. 이 글에 나오는 달걀이 한 개인지 두 개인지는 확실하지 않다. 그러나 한 개일 것이다. 한 개도 힘든 세월이었으니까.

어머니, 제가 고등학교 3학년 때였는데요. ‖ 하루는 축구 연습을 하고 늦게 돌아갔더니, 어머니께서 제 축구화를 빼앗아다가 아궁이에 처넣으셨어요.

"난다 긴다 하는 애들도 뚝뚝 떨어지는 대학인데 넌 어쩌자고 노상 공이냐, 글쎄?"

이렇게 야단을 치시면서요. 그런 어머니께서 그래도 시합 날 아침에는 손수 달걀을 익혀다 주셨지요.

"이번만 하고는 공부 좀 하거라."

하시던 어머니.

– 필자, 〈어떤 아들의 편지〉

그 후 아들이 서울로 대학 공부를 떠나던 그 시골 역, 기차가 산모롱이를 돌아 멀리 사라진 뒤에도 어머니는 플랫폼에 혼자 남아 오래 서 있었다. 머리가 희끗거려서야 겨우 철이 든 아들은 어머니의 그 달걀 하나가 변변치 못한 자신의 좋은 성취를 위한 가장 간절한 기원이었다는 것을 알게 되었다. 하늘에 계신 어머니, 어머니는 지금도 날마다 아침이면 그 아들을 위하여 간절한 기원의 달걀 하나를 익힐 것이다.

달걀로 바위 치기, 나는 위에서 이 속담을 참 턱도 없는 말이라고 했다. 그렇게 말할 때의 내 생각의 근저에는 당연히, 달걀은 참 약한 존재라는 선입견이 놓여 있었을 것이다. 오늘 아침 내가 본 속담사전도 약한 것으로써 강한 것에 대항하려는 어리석음 운운하면서 달걀의 약한 모습을 강조했다. 우리는 어느 누구도 달걀이 약하다는 데 이의를 제기하지 않는다. 그러나 달걀이 약하다고 해서 언제나 무력한 것은 아닌 듯하다.

외사씨(外史氏)가 말했다.

"그렇다. 약하다고 해서 언제나 무력한 것은 아니다. 달걀 둘 셋 하나들이 참으로 아름다운 것은 강한 바위가 할 수 없는(또는 하지 않는) 일을 자신의 힘으로 해냈기 때문이다. 약한 것의 그 위대한 힘이여, 영원히 예찬받을지어다."

(2004)

마을버스 이후

아침 일곱 시의 우리 집 대문 앞 8미터 아스팔트길은 하루를 시작하는 수많은 발소리로 활기차다. 발소리의 주인공들은 물론 우리 윗마을 사람들, 그리고 바로 우리 마을 사람들이다. 아, 저기, 키가 훤칠한 대학생 하나가 성큼성큼 인파(人波) 속을 내려온다. 학교길이 좀 먼 모양이다. 어제 리포트를 잘 써냈나, 아니면 오늘 여자 친구와 만나기로 했나, 얼굴이 환하다. 그 옆을 내려오는 처녀도 사뭇 밝은 표정이다. 며칠 전 대리(代理)로 승진한 흥분이 아직도 가시지 않았나? 지금 막 우리 집 대문 앞을 지나간 30대 두 사람은 아주 친한 사이인가 보다. 무슨 이야기가 저렇게 즐거울까? 이번 명절에 보너스 타면 아들 녀석 자전거 한 대 사 주겠다는 그런 이야기일까? 40대도 50대도 60대도 다 하루를 시작하는 그 발소리가 활기차다. 그들은 그 활기찬 걸음으로 우리 아랫마을을 지나 지하철역으로 간다.

아침 여덟시쯤 되면 우리 집 대문 앞 아스팔트길이 시끄러워진다. 윗마을 꼬마들, 그리고 우리 마을 꼬마들이 바로 학교 가는 시간인 것이다. 학교는 아랫마을에 있다. 녀석들은 남녀칠세부동석(男女七歲不同席) 같은 말을 전혀 모른다. 그냥 함께 어울려 끊임없이 재잘거리며 간다. 무슨 말들일까? 왜 흥부는 복을 받고 놀부는 화를 입었는지 잘 알았다는 그런 이야기일까? 아니면 박지성, 황우석, 조수미(그때는 이런 이름들이 아직 빛나기 전이지만), 또는 누구처럼 세계적인 선수, 과학자, 음악가, 또 무엇이 되겠다는 그런 이야기일까? 거북이에게 진 토끼를 깔깔 비웃는 그런 이야기일지도 모른다. 나는 이 녀석들이 착한 심성을 가지고 자라기를 바란다. 나는 이 녀석들이 꿈을 잃지 않고 자라기를, 그리고 그 꿈을 이루기 위하여 꾸준히 노력하는 사람으로 자라기를 바란다. 그들은 장차 우리의 삶을 의탁할 소중한 존재다.

오후 네 시 가까이 되면 우리 집 대문 앞 아스팔트길 건너편 전신주 아래 장이 선다. 양지바른 곳이다. 아니, 장이랄 것까지는 없다. 그냥 까만 작업복을 입은 50대 한 사람이 튀김틀에 불을 지피고 옥수수를 튀겨 파는 그런 장이니까. 그 무렵이면 볼일 보러 나갔던 마을 노인네와 여인네들이 저 아래 지하철역에서 올라온다. 그들은 이 장의 가장 귀한 고객이다. 그중에는 거나하게 한잔 한 노인네도 있다. 장바구니를 든 여인네도 있다. 나는 가끔 그 전신주 아래서 옥수수

튀기는 것을 구경한다. 펑 하는 그 소리, 내가 자라던 시골 마을 양지바른 담 밑에서 듣던 바로 그 소리다. 잠시 향수(鄕愁)가 인다. 문득 보니 거나하게 한잔 한 노인네가 한 봉지를 집어 든다. 손자 생각이 나서 그럴 것이다. 장바구니 든 여인네는 얼마냐고 묻더니 그냥 간다. 옥수수튀김장수는 그냥 가는 여인네의 그 꼭뒤가 좀 얄미웠을 것이다.

그러다 옥수수튀김장수도 가고 날이 어둑해지면, 아침에 우리 집 대문 앞 아스팔트길을 내려갔던 사람들이 하나씩 둘씩 저 아래 전철역으로부터 올라온다. 그리 가파른 길은 아니지만 그래도 아침과는 달리 걸어서 올라오는 길이 조금은 힘든 모양이다. 윗마을 사람들은 우리 마을 사람들보다 더 힘들 것이다. 그런데 퇴근 무렵에 예고도 없이 비가 퍼붓는 날이 있다. 그런 날 이 아스팔트길은 수많은 우산들로 뒤덮인다. 우산의 물결이다. 검정우산, 빨강우산, 노랑우산, 오렌지 바탕에 자줏빛 꽃무늬가 있는 우산, 어쩌다 파란 비닐우산도 있다. 보기 좋은 모습이다. 모두 전철역까지 마중 나가서 함께 돌아오는 우산이다. 그들이 집에 닿을 때면 바야흐로 돼지고기 김치찌개가 자글자글 끓고 있을 것이다. 그리고 그 댁의 주부(主婦)는 오늘 하루도 애 많이 쓴 가장(家長)을 위하여 그 찌개냄비 옆에 반주 한잔을 따를 것이다.

이윽고 어느 집 괘종시계가 열두 점을 치면 우리 집 대문 앞 아스팔트길에 밤이 내려앉는다. 푸른 별빛이 소나기처럼 쏟아지는 그런 밤이다. 아니, 함박눈이 포근히 내리는 그런 밤일 수도 있다. 그러나 밤이라고 해서 다 잠든 밤이라고 생각해서는 안 된다. 저기 야하지 않게 팔짱을 끼고 올라오는 한 쌍 젊은이들이 있다. 연인인가, 정답기도 하다. 밀어처럼 속삭이는 그들의 대화는 저 푸른 별빛에 씻기고 씻겨서 더없이 깨끗하게 순화(醇化)되었을 것이다. 아, 저기 저 사람, 좀 비틀거리며 올라오는 저 사람 누구지? 40대 중반쯤은 됐나 보다. "한 많은 이 세상….", 음정도 박자도 다 자유롭다. 천천히 비틀거리며 길 건너 전신주 앞으로 다가가더니, 얼마나 지났을까, 바지를 추썩이고는 또 노래를 부르며 올라간다. 삶이 고달픈가? 어째 노래가 좀 슬프다. 함박눈 포근히 내리면 그의 언 가슴이 조금은 풀릴까?

위에 적은 것은 우리 집 대문 앞 8미터 아스팔트길에 아직 마을버스가 다니기 전의 일이다. 지금은 아침 일곱 시가 되어도 이 길을 걸어 내려가는 사람이 없다. 초등학교 다니는 꼬마들도 거의 다 버스를 탄다. 노인네도 주부도 다 버스를 타고 그냥 지나가는 이곳, 옥수수튀김장수도 올 일이 없다. 아무리 비가 갑자기 쏟아지는 퇴근시간이어도 이제 이 길에는 우산 물결이 일지 않는다. 야하지 않게 팔짱을 끼고 올라오는 젊은이도 없다. 한 많은 취객도 버스를 탈 것이다. 하루를 시작하는 그 활기찬 발소리, 꼬마들의 끊임없는 재잘거림, 옥수수 튀기는 그 펑 소리, 물결치는 우산들, 젊은이들의 밀어 같은 속삭임과 취객의 좀 슬픈 노래, 내 마음대로 상상을 펼치게 했던 우리 집 대문 앞 8미터 아스팔트길은 사람 삶의 이 유정(有情)한 것들을 다 빼앗기고 지금은 마을버스가 뿜어내는 독한 매연에 숨이 막힌다.

(2006)

묘정론(猫情論)

내가 어렸을 때 어떤 청년이 고양이를 잡아 패대기치는 것을 본 일이 있다. 그 청년이 왜 그랬는지, 그래서 그 고양이가 어떻게 되었는지는 기억에 없다. 그때 내 옆에 있던 동무 애 하나가 말하기를 저 사람 머잖아 죽을 거라고 했다. 고양이는 반드시 원수를 갚는다는 것이다. 나는 그 원수 갚는다는 말에 소름이 끼쳤다.

이것은 대학 때의 일이다. 어느 여름방학에 고향엘 갔다가 친척 한 분을 찾아뵌 일이 있다. 내가 대청에서 절을 마치자 그분은 부엌에다 대고 어서 국수라도 삶으라고 했다. 그리고는 파리채로 톡 톡 파리를 잡았다. 그러면 고양이가 기어와 날름날름 먹어치웠다. 나는 약속을 핑계로 그냥 돌아왔다. 속이 몹시 역했다.

애묘가(愛猫家) 제현께는 매우 송구스러운 말씀이나 나는 고양이가 싫다. 위에 말한 그 언짢은 기억 때문에 우선 그렇고, 응아응아 한밤에 자지러지게 울어대는 그 울음소리, 살금살금 삼엄한 경계를 펴며 숨죽여 걷는 그 걸음걸이도 그렇고, 무엇보다도 그 노려보는 눈빛 때문에 더 그렇다. 어쩌다 마주치면 섬뜩하다.

우리 집 작은 뜰에 어린 주목 한 그루가 서 있다. 지난 늦봄, 잡초 한 줌을 뽑다가 무심히 돌아봤더니 고양이 한 마리가 그 아래 누워 있었다. 퍽 부했다. 녀석은 꼼짝도 않고 나를 노려보았다. 그러다가 내가 한 팔을 들어 때릴 시늉을 하자 겨우 일어나 느릿느릿 뒤꼍으로 사라졌다. 몸이 천근만근 무거워 보였다.

새끼를 뱄나?

틀림없었다. 순간 나는 좀 정신이 산란했다. 우리 집은 지하실도 있고 광도 있다. 천장도 넓다. 이만한 데가 또 있을까? 녀석이 그 무거운 몸으로 우리 집을 찾아온 것도 그래서였을 것이다. 그런데 녀석은 다시 오지 않았다. 다행이었다. 그러나 한편으로는 또, 어딜 가서 새끼를 낳을까, 제대로 낳기는 할까 공연히 궁금했다.

그리고 두어 달인가 지났다. 그동안 나는 그 고양이를 까맣게 잊고 있었다. 그러다 어느 무섭게 비 쏟아지는 날 오후, 약속이 있어 밖엘 나가다가 뜰에 멈칫 섰다. 어디서 나타났는지 고양이 한 떼가 내 앞을 가로질러 빗속을 내닫는 것이다. 어미 한 마리에 새끼 네 마리, 어미는 틀림없이 나를 노려보던 바로 그 녀석이었다.

순간 참 힘들었겠구나 하는 생각이 문득 났다. 어떻게 네 마리씩이나? 그러나 빗속을 내닫는 꼬마들은 다 건강해 보였다. 나는 녀석들이 기특하고 신기했다. 녀석들은 광 있는 쪽으로 달아났지만 광으로는 들어가지 않고 계단을 타고 광 위 장독대로 뛰어올랐다. 하지만 거기 뭐가 있겠는가, 녀석들은 다시 내려올 것이었다.

하필 네 마리니? 너희도 딸 딸 아들 아들, 이렇게 넷이니?

나는 네 아이를 낳아 기르면서 그중 세 아이의 대학등록금을 동시에 내 본 일이 있다. 가난한 교사의 얄팍한 월급봉투, 참 힘들었다. 고양이가 제 새끼 대학 보낼 건 아니지만, 이 장마철에 그것들 안 굶기려면 얼마나 힘들까, 네 마리나 되는 저 철없는 새끼들은 또 얼마나 배고파 울까, 그 어미와 새끼가 다 측은했다.

나는 시간이 촉박해서 급히 집을 나섰다. 약속시간은 오후 3시, 약속장소는 어느 탁구장, 멤버는 나까지 모두 4명, 우리는 한 주일에 두 번씩 그 시간에 거기서 만나 한 시간쯤 운동을 하고 근처 단골술집엘 간다. 술은 맥주와 소주, 안주는 노가리, 부침개 등이다. 운동보다 이 한잔 때문에 한 사람 안 빠지고 더 잘들 모인다.

그날 나는 자꾸만 그 빗속을 내닫던 녀석들이 눈앞에 어른거렸다. 집에서 지하철역으로 가는 마을버스에서도 그랬고

약속장소로 가는 지하철에서도 그랬다. 탁구를 끝내고 술집에 가 앉았을 때도 녀석들이 어른거렸다. 비는 계속 퍼붓는데 녀석들 지금 어디 있을까, 천장엔 올라가지 말고 지하실이나 광에 있었으면 싶었다.

일어설 때 보니 안주하다 남은 노가리(껍질도 포함하여)에 부침개 조각들이 접시에 제법 남아 있었다. 그때 문득, 고양이가 배부르면 쥐 안 잡는다는 말이 생각났다. 이 말이 사실인지 어떤지는 알 수 없지만, 그러나 이 빗속에 쥐가 나타날 리도 없거니와 설령 나타난다 한들 그 약아빠진 놈들 잡기가 어디 그리 쉽겠는가?

나는 종업원아주머니에게 저것들 좀 싸달라고 했다. 그 아주머니는 왜 그러느냐 한마디 묻지도 않고 까만 비닐봉지에다 주워 담았다. 일행 중에도 묻는 사람이 없었다. 다들 강아지 가져다주려고 저러겠지 했을 것이다. 그 아주머니는 옆 테이블에 남아 있는 꽁치 한 토막도 집어넣었다. 나는 은근히 부유해진 느낌이 들었다.

밖엘 나와 보니 그 세차던 빗줄기가 많이 약해져 있었다. 이 비 그치면 녀석들이 한데서 자도 비는 안 맞겠구나, 문득 이런 생각이 들었다. 이윽고 우리 동네 지하철역에 내렸다. 마을버스를 기다리는 사람들이 길게 늘어서 있었다. 나는 천천히 걷기로 했다. 우산 위에 떨어지는 빗소리가 좁쌀 뿌리듯 작았다. 다행스러웠다.

(2006)

방귀와 똥

"이봐, 거 냄새 안 나?"

왜 안 나? 내 코도 아직은 정상적으로 가동되는데—. 어떻든 방귀니 똥이니 하면 자네든 나든 그든 다 후각적으로 기피를 하네. 물론 이건 극히 자연스러운 일일 걸세. 그러나 후각적으로 기피는 할지언정 냄새나는 물건이라 해서 함부로 하찮게 보아서는 안 되네. 지난달 나는 어느 대학병원에 입원했다가 꼭 한 달 만에 퇴원을 했어. 이건 그때 나 스스로 터득한 진리(眞理)일세.

내가 입원을 한 것은—. 며칠 전부터 소화가 안 되었네. 명치끝에 뭔지 밤톨만 한 게 잡히었어. 기분이 언짢았지. 해서 대학병원엘 가 CT촬영을 해봤어. 해 보니 위장과 십이지장 사이에 무슨 고리 같은 게 생겨서 음식물의 통로를 옥죄고 있었네. 그래 그 고리 같은 것을 떼어내려는 것이었네.

드디어 수술을 받았네. 그리고 이틀인가 지났어. 우리 예쁜 간호원 처녀가 오며가며 묻더군. 아주 상냥하게.

"가스 나오셨어요?"

총각 의사 선생님이 또 지나다가 묻데. 무뚝뚝하긴-.

"방귀 나왔어요?"

나는 고개를 가로저었네. 안 나오는 걸 어쩌나? 그럴 때마다 나는 내가 꼭 우리 옛 마을의 아기 못 낳아 기죽어 살던 밤실댁 같았어. 내 병상은 6인실에 있었네. 환자들 중에는 일찍이 방기(放氣)를 하고 미방(未放) 환자들에게 연민의 정을 느끼는 사람도 있었을 걸세. 물론 물을 때마다 나처럼 죄책감에 빠지는 사람도 있었을 테고-. 우리 내외는 내 방귀를 기다리며 방기한 선배들을 부러워했네.

퇴원하기 한 주일쯤 전부터 차차 물을 먹고 미음을 먹었어. 그때까진 완전 금식, 물 한 모금 못 먹었지. 그러다 마침내 죽을 먹게 되었네. 죽 먹으라는 의사 선생님의 말씀은 그대로 복음(福音)이었어. 그런데 이틀인가를 먹어도 똥이 나오질 않아. 마렵기만 하고 안 나오는 것처럼 답답 짜증스러운 일도 없네. 어제 아침, 우리 예쁜 간호원 처녀가 내 병상에 걸린 기록판을 가리키며 말하데. 여전히 상냥하게.

"대변(똥이라고는 안 했네.) 보시면 여기다 표시하세요."

암, 그러지. 내가 화장실엘 다녀오면 아내가 또 물었네.

"나왔어요?"

나는 고개를 가로저었네. 안 나오는 걸 어째? 대변만성(大便晩成)인 걸. 그런데 오늘 오후, 변기에 앉아 한참 힘을 주었더니 드디어 그 떨어지는 소리가 통랑하게 들렸네. 도토리만 한 게 세 덩이였어. 옛날 중국에서는 똥을 금같이 아꼈다는데(中國惜糞如金-朴齊家 ≪北學議≫ 糞, 농사 때문에 그런 것), 나는 그런 것과 관계없이 그 세 덩이가 그렇게 반갑고 신통할 수가 없었네. 쾌재(快哉)라, 비로소 산 것 같았어.

"그렇다고 냄새 안 나?"

왜 안 나? 그런데 말일세. 냄새나는 물건이니까 후각적으로 기피하는 것은 극히 자연스러운 일이지만, 이 자연스러움이 혹 방귀와 똥을 하찮은 것으로 알게 할까 봐 그게 걱정일세. 방귀 뀌고 똥 누는 것이야말로 마치 맥 뛰고 숨 쉬는 것처럼 사람 살아 있음의 가장 확실한 징표 아닌가? 무엇이든 겉으로 드러나는 양상(樣相)이 추하고 시끄럽고 쓰고 냄새나고 거칠다 해서 함부로 하찮게 보아서는 안 되네.

"알겠나, 정진권 군."*

(2009)

---

* 이 글의 방귀 이야기는 필자의 「병상기(病床記)」에 이미 비슷하게 언급한 바 있다. 그러나 똥 이야기와 어울릴 것 같아 한 번 더 말하기로 한다. 제현의 양해를 바란다.

성하삼제(盛夏三題)

소나기

우리 집 뜰이 온통 불볕이다. 지금은 오후 두시 반, 하늘은 쨍쨍, 구름 한 점이 없다. 목련나무 잎새는 미동도 않고 호박잎은 척척 늘어진다. 잡초 몇 줌 뽑으려다 그만둔다. 이 무더위에 무슨 잡초—. 문득 하늘을 우러른다. 어, 저것 봐. 꾸역꾸역 먹구름이 모여든다. 그러더니 어디서 우르릉 천둥 한 번, 그리곤 후드득 장대 같은 빗줄기가 마구 내리꽂는다. 쏴, 쏴, 온 뜰이 불 꺼지는 소리로 요란하다.

옛날 삼돌이도 이런 불볕 속에 콩밭을 탔다. 삼돌이 아내가 호미 놓고 땀 훔치는 조밭에도 바람 한 점이 없었다. 먹구름은 역시 갑자기 모여들었다. 그 세차게 내리꽂던 빗줄기, 그러면 삼돌이는 조밭에 손짓을 하고 본동양반네 원두막으로 갔다. 들에서 일하던 사람들이 한둘씩 모여들었다. 보리 한 됫박 주기로 하고 툭 깨먹는 개구리참외가 퍽도 달았다.

그때도 온 들이 불 꺼지는 소리가 쏴, 쏴 했다.

내가 정부종합청사 9층에서 일할 때―. 소나기가 오는 날이면 나는 잠시 일손을 멈추고 창변에 서곤 했다. 멀리 창경원의 수해(樹海) 위로 뿌옇게 연무(煙霧)를 피우며 쏟아지는 소나기가 그렇게 장쾌할 수가 없었다. 그런 날에 나는 금방이라도 날아갈 듯 심신이 가벼웠다. 내려다보면 저 아래 광화문, 크고 작은 자동차들이 빗속을 질주하고 있었다. 나는 한 아름 주워다가 우리 돌이에게 주고 싶었다.

"불볕만 있고 소나기가 없다면 이 여름을 어찌 날까?"

하느님은 완벽한 예술가, 결코 소나기를 잊지 않으셨다.

낮잠(午睡)

이규보(李奎報)의 「하일(夏日)」이란 시를 펼치면, "서늘한 대자리/ 상큼한 베적삼", 낮잠 달게 자는 선비가 보인다. "나도 저런 낮잠 한번 달게 자 봤으면―.", 내가 그랬더니 한 고약한 친구 왈 "낮잠 한번 달게라? 이봐, 낮잠이란 밤 새워 공부한 선비가 피곤해서 잠깐 눈 붙이는 잠이야. 새벽부터 논밭 맨 농부가 힘들어서 잠깐 코 고는 잠이야. 그런데 자네가 뭘 했다고 낮잠을 자? 참 대단한 염치군."

나는 그 친구의 이 한마디가 제법 그럴 듯해서 내 어느 글에 옮겨 둔 바 있다. 그러나 다시 생각해 보니 아니다. 교수님의 강의 말씀이 꿈속이듯 가물가물해지는 순간 그만 꼬

빡하는 여학생, 목사님의 설교 말씀이 끝나기 무섭게 펀뜻 깨며 "오, 주여!" 하는 권사님, 이들에게도 당연히 오수(午睡)를 즐길 권리가 있는 것이다. 따라서 내 친구가 내 오수욕(午睡慾)을 빈정거린 것은 매우 부당한 짓이다.

그래 낮잠 한번 달게 자 보려고 마루에 누웠는데 전화벨이 울렸다. 학술원 사무국이라고 했다. 나이 지긋한 여직원이었다. 내 논문집 『한국수필문학연구(韓國隨筆文學研究)』가 우리 수필문학 발전(창작 쪽이든 연구 쪽이든)에 기여한 공이 크므로 학술원상을 준다는 것이다. 그러나 그건 있을 수 없는 일, 나는 곧 사양의 뜻을 표했다. 아직은 내 양심이 마비되지 않았으니까. 그러자 그녀가 한마디 했다.

"산이라도 떠메어 왔나, 그만 일어나 점심 자셔요!"

응? 아내가 점심을 차리고 있었다. 공연히 한참 섭섭했다.

보신(補身)

여름은 지치기 쉬운 철이다. 해서 이 여름을 탈 없이 보내려면 보신을 잘 해야 한다. 보신을 잘 한다는 것은 결국 잘 먹는다는 말과 같다. 그러니까 시원한 막걸리 한 대접 죽 들이키고 시뻘건 고추장에 풋고추 꾹 찍어 으쩍 깨물어먹는 것도 보신이요, 시커먼 보리밥에 시큼한 열무김치, 아까 그 고추장도 한 숟가락 푹 떠넣고 이리저리 비벼서 큼직큼직 퍼먹는 것도 보신이다. 잘 먹으면 다 보신이다.

물론 나는, 잘 먹으면 다 보신이라는 말로 보신탕(補身湯)의 명예를 훼손할 생각은 추호도 없다. 더구나 오늘은 복(伏)날 아닌가? 지금 종로 3가 사철집(四季屋)이 보사모(보신탕을 사랑하는 모임) 제현으로 입추의 여지가 없다. "위하여!", "땡!(잔 부딪치는 소리)", "야채 좀 더 줘요!", "소주 한 병 더!", 갑자기 터지는 웃음소리, 밖에선 아스팔트가 척척 녹는데 안에선 힘이 콸콸 넘친다.

내가 이렇게 보신탕을 예찬하면 삼계탕(蔘鷄湯) 애호가(삼사모) 여러분의 빈축을 살는지 모르겠다. 그러나 나는 결코 편파적인 사람이 아니다. 자, 펄펄 끓는 오지뚝배기가 앞앞이 놓였거든 노란 인삼주를 따라 "땡!" 하자. 그리고는 우선 토실한 다리 한 짝—. 다음은 한 잔 쭉 하고 "자!(잔 권하는 소리)", "그만, 그만!(잔이 넘치기를 바라며 공연히 하는 소리)". 어느새 더위도 피곤도 다 날아간다, 어허.

"뭐니 뭐니 해도 여름엔 그저 잘 먹을 일이다."

암, 나도 이 글 마치면 막걸리 한 대접 죽 들이켜야겠다.

(2009)

山길에서

봄

우리 집은 山 밑이다.

그리도 눈 퍼붓더니 어느새 또 봄이다.

하늘이 나직하다. 나직한 하늘이 보얗다. 보얀 하늘에 바람이 분다. 부는 듯 마는 듯 그저 그렇게－. 더러는 선뜩도 하지만 매섭지는 않다. 아니, 훈훈하다. 어째 비가 올 것 같다. 지팡이 삼아 우산 하나 짚고 집을 나선다. 식곤증으로 나른한 오후 한시 반, 드디어 山이다. 조용하다. 아직 안 깼나, 빈 가지, 마른 풀, 쌓인 가랑잎, 다들 한겨울이다. 아, 깜짝이야, 토끼 한 마리가 내닫는다.

어라, 비다. 비가 오네. 가늘다. 싸르르, 좁쌀 같은 빗소리로 온 山이 조용히 소란해진다. 비가 겨울에 눈이 되어 내리는 것을 고마워한 수필가가 있다(金晋燮, 白雪賦). 그러나 차갑게 얼어붙은 이 山에 눈이 비가 되어 내리는 것은 또 얼마나 큰 축복인가? 싸르르, 빗소리—, 빗소리들이 내 혈관을 타고 가슴에 들어와 詩가 된다. 우산을 펼쳐든다. 우산 위에도 싸르르, 詩가 쏟아진다.

이 비 그치면 온 山이 바쁠 게다. 우선 저 응달에 쌓인 눈 좀 봐. 부지런히 녹잖니? 돌돌 시냇물까지 가려면 서둘러야 하거든. 굴참나무도 마음이 급할 게야. 어서 톡톡 푸른 눈 틔워야지, 미적거리다가는 물참나무한테 질 수도 있어. 아까 깜짝 그 토끼 녀석은 뭘 할까? 녀석이라고 한가할 리 있나? 겨우내 움츠렸던 가슴 한번 쫙 펴고, 맞아, 좋은 배필 찾아 온 山을 뛸 게야, 아암.

봄은 바쁜 계절이다. 아주 신나게 바쁜 그런—.

우리 돌이의 새 1학년도 이렇게 바쁘고 신나야지!

여름

우리 집은 山 밑이다.

싸르르—, 봄비 오더니 또 금방 여름이다.

불볕이 마구 쏟아진다, 오후 세시. 바람 한 점이 없다. 집을 나선다. 낡은 맥고자, 빛은 바랬지만 그늘은 넉넉하다. 이마에 땀이 솟는다. 드디어 山이다. 땅이 후끈 열기를 뿜는다. 어느새 가슴팍에 주르륵 땀이 흐른다. 나무들이 넋이 나갔나, 멍청히 서 있다. 잎새들은 미동도 않고. 새 한 마리 날지 않는다. 山은 움직임이 없다. 소리도 없다. 적막뿐, 시간도 흐르다가 지쳐서 멈춘 듯−.

잠깐, 저 하늘 좀 봐. 구름이 이네. 검다. 순식간에 하늘을 뒤덮는다. 뭐야, 갑자기 우두둑 소나기가 퍼붓는다. 하늘을 우러른다. 콩알 같은 빗방울이 얼굴을 때린다. 맥고자에서도 우두둑 빗방울이 튕긴다. 소나기는 어느새 쏴−, 폭포처럼 내리꽂는다. 천천히 바위 밑으로 가 비를 긋는다. 불볕만 있고 소나기가 없다면 이 山이 어찌 견딜까? 여름 예술의 극치, 저 퍼붓는 소나기−.

멍청하던 나무들이 정신이 드나보다. 미동도 않던 잎새들이 통통거린다. 산새들은 어디서 비를 그을까, 날다람쥐 한 마리가 급히도 나무를 오른다. 山이 되살아난다. 어라, 이건 또 뭐야, 뚝 소나기가 그치네. 구름이 터진다. 터진 구름 사이로 눈 시리게 드러나는 푸른 하늘, 햇빛이 마구 쏟아진다. 오, 밝은 햇빛, 너 참 아름답다, 찬란한 山 저 푸른 숲, 나무도 풀도 한 뼘을 부쩍 큰다.

불볕을 견디면 소나기, 소나기 지나면 햇빛−.
이봐, 우리 숲군들, 이 여름에 한 뼘씩 부쩍 크게나.

가을

우리 집은 山 밑이다.

불볕에 소나기 그리 퍼붓더니 벌써 또 가을이다.

비가 내린다, 조금은 쓸쓸히. 비가 그친다, 없던 일처럼. 가을비는 그렇게 내리다가 그렇게 그친다. 지금은 오후 두 시 반, 포켓용 소주 한 병 잠바 주머니에 찔러 넣고 집을 나선다. 드디어 山이다. 햇볕 속, 온 山이 晴朗(청랑)하다. 하늘은 아스라이 푸르러 어지러운데. 바람이 살랑 인다. 살랑 이는 바람에 우수수 낙엽이 진다. 우수수 지는 낙엽이 옷깃을 친다(紛紛黃葉打征衣. −鄭士龍).

숲길을 걷는다. 어라, 이게 무슨 소리야? 뭐가 툭 떨어지네. 심심한 듯 툭, 또 툭 툭−. 아하, 굴밤이구나. 아니, 이건 산밤 아냐? 옛날 내 고향 안산 밑 그 밤나무들도 아람 떨어지는 소리가 툭 툭 이랬다. 그대 참나무, 산밤나무여, 그대들은 저 폭풍과 폭양과 폭우의 험난을 견디며 이렇듯 풍요로운 가을을 이루었다. 아, 이제 그대들은 한 점 悔恨(회한) 없이 安息(안식)에 들겠구나.

또 숲길을 걷는다, 천천히. 길가에 들국화가 하늘거린다. 함초롬히 비 맞은−. 가녀린 몸짓이다. 哀愁(애수)가 어린다. 넌 어쩌다 열매 한 톨 못 맺었니? 憐憫(연민)이 인다. 사위가 가을비처럼 쓸쓸하다. 바위에 앉아 병마개를 딴다. 속이 짜르르하다. 다시 들국화를 본다. 아냐, 아니야. 이 가을에 꽃 피운 것 하나만으로도 너는 너의 삶을 잘 살아 온 거야. 열매 없다고 무슨 憐憫이니?

누구나 다 열매 풍성히 맺을 수는 없어.
가녀린 꽃이나마 피워낸 것도 감사할 일이라네.

겨울

우리 집은 山 밑이다.
가을 잎 흩날리더니 깜짝할 새 또 겨울이다.

연 사흘을 두고 폭설이다. 빠끔하다 싶으면 또 퍼붓는다. 작은 배낭 하나 메고 집을 나선다. 퍼붓는 눈 속에 오전 열 시가 고즈넉하다. 드디어 山이다. 갑자기 쏴 바람이 몰아친다. 귓가에 윙 소리가 지나간다. 이 山엔 좁은 길이 두 갈래로 나 있다. 어느 길로 가든 가야峰에 닿는다. 그러므로 그 한 길을 못 간다 해서 서운할 건 없다(And sorry I could not travel both. —Robert Frost).

아, 저만치 누가 간다. 셋인지 넷인지 분간이 안 된다. 그 뒤를 또 누가 간다. 둘이다. 험한 눈길, 나는 그들이 남겨 놓은 발자국을 밟으며 간다. 그러나 퍼붓는 눈에 지워져 거의 다 희미하다. 뒤를 돌아본다. 누가 따라온다. 나는 그를 위해 발자국을 깊이 내려 했지만(今日我行跡, 遂作後人程. －西山大師) 내 힘으로는 별로 깊어지질 않는다. 문득 그런 내가 우스워서 그냥 걷기로 한다.

눈은 그칠 줄을 모른다. 걸음마다 뽀드득 눈 밟는 소리, 또 뽀드득 소리가 난다. 맞아, 이건 개구리 우는 소리야(踏去聲聲六月蛙. －金笠). 뒤에 오던 몇 사람이 나를 지나 내 앞을 간다. 바쁜 걸음이다. 어딜 저리 서둘러 갈까? 나는 여전히 천천히 간다. 그들과 겨루며 바삐 갈 이유가 없다(各歸其止又何爭. －宋翼弼). 그냥 이렇게 걸으면서 내 고향 여름논의 개구리 소리나 들으면 된다.

맞아, 서운하게 생각할 것 없어. 욕심낼 것도 없고.
서두르지도 마라. 그저 마음 편하게나 살면 돼.

(2011)

마나님 모시고 사는 이야기

내 친애하는 김(金) 선생은 정년 11년차의 전직 교수다. 지금 내외분이 우리 옆 동 작은 아파트에 산다. 이제 나는 잠시 선생의 근황을 여러분에게 이야기하려고 한다. 이 이야기가 선생의 명예를 훼손하는 일이 없기를 바란다.

흰쌀밥과 현미밥

선생은 진밥을, 마나님은 된밥을 좋아한다. 그런데 어쩌다 두 분이 함께 당뇨환자가 되었다. 당뇨환자는 꼭 현미밥을 먹어야 한다, 흰쌀밥은 금물이다, 이게 당뇨환자계의 정설이다. 이 정설을 절대 신봉하는 마나님이 어떤 밥을 지었을지 여러분은 이미 짐작했을 것이다. 되고 된 현미 새카만 밥, 거기 검정콩이 마구 흩어져 있다.

선생은 그 밥을 먹을 수가 없다. 쌀알 알알이 다 모래알이다. 그래 참고 참다가, 우리 흰쌀밥 한번 지어 먹읍시다, 했다. 물론 마나님이 그럽시다, 할 리 없다.

"우리, 당뇨환자예요. 혈당수치 높아져서 무슨 일이라도 생기면 애들 고생해요."

"그럼 좀 질게나 하든지."

그 후로 마나님은 충분히 불린 쌀에 물도 넉넉하게 붓는다. 해서 좀 질어지기는 했다. 그러나 아무리 질어도 선생 입에 현미밥은 여전히 모래알이다. 질퍽한 흰쌀밥에 시큼하게 맛 잘 든 배추김치 쭉 찢어 얹고 큼직하게 한술 떠 봤으면—.

지지난달, 마나님이 꼭 한 주일을 입원을 했다. 혈당조절 뭐라던데? 병실은 6인실, 다 여자환자다. 선생은, 아침은 집에서 토스토 아니면 라면으로 때우고, 점심은 그 싱거운 병원 밥 한 그릇 더 주문해 함께 먹는 체나 하고, 저녁은 늦게 온 아이들이 밖에 나가 먹자는 걸 마다하고(지루하고 귀찮아서) 동네 해장국집, 선지 한 점에 소주 한잔 칵 하고 집으로 돌아오곤 했다. 텅 빈 집, 텅 빈 식탁이 늘 쓸쓸했다.

요즈음은 선생이 흰쌀밥 타령을 안 한다. 애들 고생한다는 말도 떠오르고, 모래알 같은 밥이나마 지어 주는 마나님이 고마워서 그럴 것이다.

연속 드라마와 축구경기

선생 댁 작은 거실에 텔레비전이 한 대 걸려 있다. 저녁을 먹고 나면 두 분이 소파에 나란히 앉는다. 채널 선택권은 온전히 마나님 것이다. 함께 7시 뉴스를 본다. 뉴스는 늘 두 분 공동의 관심사니까.

뉴스가 끝나면 마나님 대망의 연속 드라마다. 선생은 슬그머니 일어나 서재로 간다. 빤한 소리, 저걸 뭐 하러 봐? 그리고 컴퓨터 앞에 앉는다. 이 달이 마감인 원고가 둘, 내달이 또 하나다.

그런데 문제는 축구 중계다. 선생은 고등학교 시절 라이트 이너, 라이트 윙으로 뛰었었다. 축구에 대한 관심, 특히 월드컵과 올림픽 팀에 대한 관심이 참 지대하다. 그런데 마나님의 대망의 드라마와 이 축구 중계가 겹칠 때가 있다. 전혀 채널 선택권이 없는 선생이 용기를 낸다.

"오늘은 축구 봅시다."

물론 마나님이 양보할 리 없다.

"아홉시 뉴스에 다 나오는 걸 뭘 보세요?"

"스코어를 보자는 게 아니고 경기를 보자는 거요."

"오늘은 귀양 가는 선화공주 앞에 서동이 나타날 건데…. 남들은 부부끼리 영화관에도 잘 간답디다. 드라마 일찍 끝나니까 후반전 보세요."

부부끼리 영화관이라, 그러고 보니 마나님 모시고 ≪아바타≫ 본 게 2년인가 3년인가? 선생은 후반전을 기다리며 또 컴퓨터 앞에 가 앉는다.

국민은행 카드와 우리은행 카드

선생은 매달 연금을 받는다. 그 연금의 ⅓은 마나님, ⅓은 생활비, 나머지 ⅓이 선생 것이다. 몇 푼 안 되지만 그래도 이게 있어 아들따님들한테 손은 안 내민다.

그런데 좀 이상한 일이 있다. 자, 보자.

이따금 아들따님들이 마나님에게 용돈을 준다. 그러면 마나님은 늘, 뭘 또, 하면서 마지못한 듯 받는다. 그러나 선생에겐 한 푼 없다. 그러니 선생은, 뭘 또, 할 일도 없다. 왜 이렇게 불공평할까? 엄마에겐 연금 ⅓밖에 안 주면서 아빠는 ⅔ 다 쓰잖아(사실은 아닌데), 그래서 그러는 걸까?

추석, 설, 두 분 생일, 어버이날, 이런 날이면 아들따님들이 봉투 한 장씩을 가지고 온다. 가지고 와선 마나님을 준다. 그런데 선생 생일에 가져온 봉투도 마나님을 준다. 마나님은 또 태연히 받고–. 주머니돈이 쌈지돈인데 뭘, 혹 이런 생각인가? 그러나 주머니에 한번 들어간 돈은 절대 쌈지로 나오지 않는다.

자, 다음은 카드 이야기–. 마나님은 국민은행, 선생은 우리은행이다. 그런데 두 분이 함께 어딜 가면, 가령 마나님 때문에 병원 같은 델 가도 모든 지불은 우리은행이 한다. 똑같이 연금 ⅓인데, 용돈은 마나님만 받는데, 국민은행은 냉면 한 그릇 어림없다. 마나님은, 당신 돈이 아까워서가 아니고, 선생이 카드를 내고 사인을 할 때 남편의 존재를 확인하고 안도하는 버릇이 있다고 한다. 참 희한한 논리다.

그런데 정말 이상한 것은, 이 이상한 일들을 선생이 조금도 이상하게 생각지 않는다는 것, 아니 오히려 당연하게 생각한다는 것이다.

자, 돌아보자. 참 먹고 싶은 흰쌀밥은 현미밥 앞에 무릎을 꿇는다. 참 보고 싶은 축구 중계는 연속드라마에게 자리를 내준다. 그러면서도 으레 그러려니 한다. 우리은행 카드는 늘 저 혼자 바쁜데 그래도 그 역시 그러려니 한다.

"자, 정년 11년차의 많은 김 선생 여러분, 여러분의 근황은 어떻습니까? 혹 내 친애하는 김 선생 비슷하진 않습니까?"

(2012)

소설(小說)

도냇골 이야기

필자주 : 도내(道川)는 충청북도 옥천군 청성면의 한 오지다. 1930년대, 그때 그 골짜기는 한 30여 호 되었다. 그 후 마을이 어떻게 변했는지는 잘 모르겠다. 이 이야기에는, 지금은 안 쓰이는 말이 두어 개 나온다. 읽으시는 분들의 편의를 위하여 여기 짤막하게나마 풀이해 두겠다.

간이소학교 : 2년제 또는 4년제의 사립초등학교. 청성에 4년제 간이소학교가 하나 있었다. 인근 유지들이 뜻을 모아 세운 학교라고 한다. 청성은 도내에서 10여 리 된다. 사람들은 그 학교를 흔히 산성학교라고 불렀는데 산성은 청성의 다른 이름이기도 했다.

보통학교 : 6년제의 공립초등학교. 지금의 초등학교. 이 학교는 큰 읍면에만 있었다.

관비유학생 : 관비로 유학의 혜택을 받는 학생. 당시, 졸업 성적이 우수하면 관비로 유학을 보내주는 제도가 있었다.

자, 그럼 이야기를 시작하자. 밤실댁 얘기부터. (2012. 3.)

1.

밤실댁은 번뜩 눈을 떴다. 아직 캄캄하다. 더듬더듬 앞치마를 찾아 둘렀다. 어제 종일 남면 할아버지네 빨래를 해서 그런지 오른쪽 어깨가 뻐근하다. 머잖아 나이 쉰이다. 옛날과는 달랐다.

윗방 아이들이 깰까봐 소리 안 나게 문을 열고 마루로 나왔다. 어둠 속에 눈발이 희끗거렸다. 제법 쏟아질 모양이다.

"아니, 웬 눈이여, 벌써? 우리 한수 어떻게 학교 가라고."

밤실댁은 마루를 내려서서 짚신짝을 발에 꿰었다. 바람이 차다. 집 앞 저만치 흐르는 냇물 소리가 싸늘하다. 우람한 안산 시커먼 등성이가 무석하게 다가선다. 온 도내 골짜기를 금방이라도 짓누를 것 같다.

밤실댁은 부엌에 호롱불을 밝히고 가마솥 아궁이에 장작불을 지폈다. 어린 것이 이 추운 눈길을 어떻게 갈꼬? 가슴이 무겁다.

밤실댁이 새벽밥을 짓는 것은 지난봄부터다. 막내인 한수가 산성학교(청성에 있는 간이소학교) 4년을 마치고 영동 보통학교 5학년에 편입을 한 것이다. 영동은 먼 길이다. 우선 도내서 뒷구렁재를 넘는 데 10리, 거기서 다시 망실재를 넘어 지푸내(深川)까지 가는 데 10리, 지푸내에서 기차로 20리를 더 가야 영동이다.

"어머이, 눈이 오네."

언제 일어났는지 한수가 옹자배기를 들고 들어온다.

"더 자지, 어째 벌써 일어나?"

"많이 잤어. 어머이, 힘들지?"

"힘은 무슨 힘. 성은 자냐?"

"응, 금방 일어날 거여."

밤실댁은 가마솥을 열고 더운 물 한바가지를 퍼 옹자배기에 부어 주었다. 한수가 그걸 들고 밖으로 나간다.

"추운데 여기서 씻어."

"괜찮아."

한수가 나가자 밤실댁은 옹솥 아궁이 앞에 쭈그리고 앉아 불을 보았다. 어린 것이 그래도 제 어미 힘든 줄은 아니 사람은 될 게여. 면서기야 되면 좋고 못 돼도 그만이지만, 그려, 사람 하나는, 남면 할아버지만큼은 돼야 햐. 그래야 햐.

도내 골짜기 30여 호 중에 김(金)씨네가 절반을 넘는다. 남면 할아버지는 그 김씨네의 수장이다. 아니, 도냇골의 추장이다. 타성바지들도 무슨 혼사 같은 중대사가 있으면 그를 찾아가 의논을 드렸다. 그는, 자기 땅이 아니면 밟지 않는다고 했다. 식솔도 많았다. 꾀부리는 소작인은 무섭게 다루지만, 양식 떨어진 집엔 아무도 모르게 쌀이든 보리쌀이든 몇 말 지워 보냈다. 재작년 같은 혹심한 보릿고개에도 마을 떠난 집 하나 없었던 것은 그가 곡식을 풀어먹였기 때문이다.

언제부터인지 마을 사람들은 그를 남면 할아버지라고 불렀다. 남면(그의 처가 곳)이란 말에는 별 뜻이 없었지만 할아버지란 말에는 분명 그에 대한 외경의 염이 들어 있었다. 환갑을 갓 지난 노인, 풍채도 좋았다. 한수에게는 할아버지 항렬이다.

"웬 눈이여?"

큰아들 동수다.

"어째, 더 자지 않고?"

"한수가 보스락거려 어디 잘 수가 있어야지. 그나저나 웬 눈이 저렇게 온댜?"

"그러게다. 우리 한수 어쩌라고?"

"걱정 마. 오늘은 지푸내까지 가서 한수 기차 타는 거 보고 올 텡개."

"하루 이틀도 아니고 너도 힘들지?"

"힘은 무슨 힘이 든다고 그랴."

동수가 한수를 망실재까지 데려다 주는 것은 지난 늦가을부터다. 해가 늦게 떠 어두운 새벽길을 혼자 보낼 수 없어서다. 더구나 오늘은 눈까지 퍼붓는다.

더운 물을 떠들고 나가는 동수를 보고 밤실댁은 또 가슴이 답답했다. 저게 벌써 스물다섯인데-. 이 가난한 집구석에 누가 딸을 줘? 사는 집이야 보통은 된다. 아래 윗방에 부엌 달린 안채, 외양간 달린 사랑채도 있고, 그러나 사랑방에 불

꺼진 지 오래다. 그 초상 빚 갚느라고 외양간도 비웠다. 땅이라고는 두 마지기 논배미 하나, 그저 그 두 마지기에 남면 할아버지가 밭때기 한 자락 주어서 입에 풀칠이나 하며 산다. 가난하게 사는 사람이 밤실댁네만은 아니었지만 그런 형편으로 혼사 맺기는 어려운 일이었다.

밤실댁은 주걱을 들고 옹솥을 열었다. 쌀 겨우 한줌 넣고 지은 조밥이다. 우선 쌀 있는 쪽을 퍼서 한수의 도시락에 꾹꾹 눌러 담고, 다음엔 그래도 아직 쌀 조금 남은 쪽을 퍼서 한수의 밥그릇에 담고, 그 다음엔 동수의 밥그릇에 또 꾹꾹 눌러 담았다. 쌀 한 톨 섞이지 않은 동수의 밥을 푸면서 밤실댁은 마음이 아팠다.

동수는 학교 문전에도 못 가 보았다. 그래도 어떻게 깨쳤는지 언문(諺文)으로 얘기책 읽고 진서(眞書)도 주소 성명은 쓸 줄 알았다. 저것도 학교엘 보내야 했는데—, 그러나 월사금을 댈 수가 없었다. 하기야 도냇골 통틀어 산성학교나마 졸업한 사람은 김씨네 집안 전체에 겨우 너댓에 불과했다. 가난도 하지만 학교 다닌다는 게 무슨 뜻인 줄들을 몰랐다. 그 너댓도 남면 할아버지가 억지로 집어넣은 것이다. 물론 월사금도 남면 할아버지가 댔다. 한수도 그랬다. 한수가 산성학교엘 다닐 때 동수는 논 매고 밭 매고 남의 일을 다녔다.

2.

날씨 한번 참 무더웠다. 조밭 함께 매던 밤실댁이 동수를 보고 말했다. 땀 뻘뻘 흘리는 동수가 딱해서 한 말일 것이다.

"한수가 산성학교를 졸업을 하면 일손 하나 느닝개 니가 좀 수월할 거여."

한참 말없이 호미를 놀리던 던 동수가 무겁게 입을 열었다.

"어머이, 한수한테 또 이 짓 시키려고 그랴?"

밤실댁은 무슨 말인지 몰라 되물었다.

"무슨 소리여, 그게?"

"일 년 삼백육십오 일 뼈 빠지게 일을 해도 하루 세끼 간에 기별도 안 가는 조밥 한 덩이여. 어째 이 짓을 한수한테 또 시켜?"

밤실댁은 콧날이 시큰했다.

"그럼 어째?"

"학교를 더 보내야지."

"뭐여, 너 시방 뭐랬어?"

"들어 봐, 어머이. 내가 좀 알아봤어. 영동에 공립보통학교라는 게 있댜. 해마다 그 학교에, 뭐라더라, 무슨 시험이 있는데, 한수가 산성학교 4년을 마치고 그 시험을 봐서 들면 그 학교 5학년에 들어갈 수 있댜. 보통학교 6년을 마치면 이 짓 면햐. 잘 하면 면서기도 되고 못해도 큰 상점의 점원은 된다. 시험을 보여야 햐."

밤실댁은 눈물이 왈칵 쏟아졌다. 동수가 너무 고마웠다. 그러나 그것은 될 수 없는 일이었다. 지금 산성학교엘 다니는 것도 남면 할아버지 덕분이여. 더구나 영동엔 일가친척 하나 없어, 어디다 밥을 부쳐 먹으며, 설령 있다 한들 무슨 수로 쌀을 대여? 보통학교는 월사금도 비쌀 텐데. 안 되어, 안 될 일이여. 밤실댁은 앞치마로 얼굴을 싸고 고개를 저었다.

"한수는 공부를 잘 하닝개 시험은 걱정 없고, 또 그 학교엘 들어가면, 그 무엇이냐, 공부 잘 하는 애들에겐 월사금도 안 받고 되레 돈을 준다. 한 가지 걱정은 밥 부쳐 먹는 건데, 우선은 여기서 댕기다가 정 힘들면 우리 논배미 팔면 안 되겠어?"

"그건 안 된다. 느이 아부지가 남긴 건데 늘리지는 못할망정 어떻게 팔아? 또 너도 장가들어 새 식구 생기면 뭘 먹고 살고?"

"어머이, 나야 기왕에 이 길로 들어섰으닝개 호미질하고 가래질하며 살 것이지만, 한수는 붓대 쥐고 살아야 햐."

"시끄러워."

갑자기 밤실댁이 소리를 버럭 질렀다. 그리곤 호미를 내던지고 밭가 나무 그늘로 나갔다. 눈물이 펑펑 쏟아졌다. 나 혼자 어떻게 살라고 먼저 죽어, 이 몹쓸 양반아. 지난 십 년 울기도 많이 울었다.

"어머이, 왜 이랴?"

동수가 다가와 손을 잡았다.

"어머이, 당장 어쩌자는 게 아니어. 난들 왜 아부지가 남긴 걸 팔고 싶어? 내 말이 섭해서 울었어?"

"아니어, 니가 그냥 고마워서."

"고마운데 왜 울어? 내가 노래 한 가락 부를게."

동수는 밤실댁의 손을 잡고 다시 밭골로 들어가면서 목청을 돋우었다.

가기 싫어, 가기 싫어, 조밭 매러 가기 싫어.
쇠털같이 많은 날에 조밭 매러 가기 싫어.

3.

한수가 산성학교를 졸업하기 한 댓새 전이었다. 밤실댁이 못자리 보고 온 동수의 점심을 차리는데 남면 할아버지가 큰기침을 하며 들어섰다.

"어쩐 일이세유, 할아버지?"

동수가 손바닥으로 마루를 쓸며 앉기를 권했다. 부엌에 있던 밤실댁도 앞치마로 물 묻은 손을 닦으며 나왔다. 뜻밖이었다. 남면 할아버지는 미투리에 담뱃대를 털고는 마루에 앉았다.

"내가 자네한테 상의할 일이 있어서 왔네."

"저한테유?"

"그려. 지난 장날 청성엘 갔다가 우연히 산성학교 교장을 만났네."

남면 할아버지는 철 따라 그 학교에 적잖이 기부를 해 오는 터라 교장과 친분이 두터웠다. 마침 점심때여서 둘은 장터 국말이밥집으로 들어갔다. 이런저런 이야기가 오고갔다. 교장이 한 말의 요지는 한마디로 기부였다. 아이들이 늘어나 교실 한 칸을 더 지어야겠다는 것이다. 민족정신이니 독립이니 하는 말도 했지만 그런 유식한 말은 알아들을 수가 없었다. 그저 왜놈들 쫓아내고 우리 조선 사람끼리 잘 사는 세상 만들자, 그런 정도로만 알아듣고 추수 때 보자고 했다.

사실 남면 할아버지는 어려서 서당 한번 못 갔다. 너무 가난했었다. 일찍이 아버지를 여의고 홀어머니랑 둘이 살았다. 밭뙈기 한 자락이 있었지만 그것만으로는 두 입에 거미줄이나 칠 것이었다. 허구한 날 남의 일을 다녔다. 몸을 도끼 삼아 썼다. 썩은 새끼 한 동강도 눈에 띄면 주워다가 두엄에 던졌다. 자기 땅이 아니면 밟지 않는다는 그 자수성가가 우연이 아니었다.

그때 교장이 찰찰 넘치게 막걸리를 따르며 지나가는 말 비슷하게 한마디 했다.

"이번엔 도내가 일등이구먼요."

남면 할아버지는 뭘 잘못 들었나 했다.

"도내가 일등?"

"예, 그 김한수라는 아이 말씀이어요. 이번 스물두 명 졸업생 중 참 큰 일등이어요. 이등하고 차이가 천양(天壤)이어요."

참 큰 일등이라, 한수가 공부 잘 한다는 말은 들었지만 참 큰 일등이라니, 도냇골 김씨네 집안의 제법 똑똑하다는 아이들 다 골라 월사금을 댔지만, 십등 안에 든 일이 없었다. 교장이 말을 이었다.

"다 어르신 덕분이지요, 허허. 영동 보통학교에 편입시켰으면 싶은데 형편이 어려우니…."

교장과 헤어져 얼큰하게 돌아오는 남면 할아버지는 마음이 착잡했다. 에라, 이 빌어먹을 놈, 한수 똥이나 처먹어라, 세상에 기룬 것 없이 큰 놈이 어디서 무얼 하는 게여? 작은아들 석우 이야기다.

석우는 도냇골에서 맨 처음 산성학교를 다닌 사람이다. 그러나 학교에 재미를 못 붙였다. 도시락 싸 메어주면 중도에서 다른 동네 애들과 어울려 여름엔 멱 감고 겨울엔 마른 잔디에 불장난이나 하다 돌아왔다. 당연히 퇴학감이지만 학교에서는 남면 할아버지의 체면을 보아 그냥 눈 감고 졸업은 시켰다.

겨우 졸업을 한 석우는 잠시도 집에 있질 않았다. 영동으로 옥천으로 더러는 한밭(大田)으로 또 어디로 돌아다니지 않는 데가 없었다. 제 말로는 어디 취직이라도 좀 해볼까 해서 그런다지만 남면 할아버지는 도무지 믿기지가 않았다. 그래 마음잡고 감농이라도 하게 해보려고 열여덟에 장가를 들였다. 그러나 그것도 허사, 몇 날 안 가서 또 떠도는 것이 벌써 이태다. 한 달에 한두 번꼴로 다녀가기는 한다. 그럴 때마다 돈을 긁어 간다. 어디서 무얼 하는지, 처음에는 불호령도 했지만 쇠귀에 경 읽기였다. 그래도 자식인데 어쩌는가? 안 줄 수가 없다. 돈이라는 건 쓸 데 써야 하는 건데, 석우가 돈을 챙겨들고 나갈 때마다 남면 할아버지는 혀를 끌끌 찼다. 한수 반만 되었으면―.

남면 할아버지가 한참 뜸을 들이다가 입을 열었다.

"교장 하는 말이 이번 졸업생 중에 한수가 일등이랴."

밤실댁도 동수도 눈이 휘둥글어졌다.

"그래 내가 며칠 밤을 생각 봤네. 도냇골 우리 김가네, 진서(眞書) 섞어 편지 한 장 제대로 쓰는 놈이 없네. 한수를 영동 보통학교에 보냈으면 하는데 자네 생각은 어떤가? 월사금은 내가 대겠네."

"할아버지, 이 은혜를 어떻게 갚아유?"

동수가 코를 한 번 훌쩍하고는 저고리 앞자락으로 눈을

닦았다. 밤실댁이 무겁게 입을 열었다.

"아녀유. 산성학교도 할아버지 덕분에 댕겼는데 어떻게 염치없이 또 그래유, 아녀유."

"왜 염치가 없댜? 자네, 허구한 날 우리 집 그 많은 빨래다 하고 설거지하고, 야도 그 땡볕에 우리 집 밭골 타는 게 한 여름이면 얼마인가? 하기는 월사금만 댄다고 다 될 일은 아닐 테지만. 당장 영동에 가서 기식을 하려면…."

동수가 남면 할아버지의 말을 끊고 나섰다.

"걱정 마셔유, 할아버지. 한수도 벌써 열다섯이어유. 여기서 댕겨도 돼유. 해 짧을 땐 제가 망실재까지만이라도 바래다 주겄어유."

남면 할아버지가 고개를 끄덕였다.

"느이는 우애가 있어 보기 좋다. 며칠 뒤에 시험이 있다닝개 꼭 보라고 해라."

날씨가 참 좋았다. 남면 할아버지를 배웅하고 들어오며 동수가 묻는다.

"어머이, 한수가 보통학교엘 가게 되었는데 어머이 얼굴이 어째 그려? 난 좋아 죽겠구먼."

밤실댁이 무겁게 입을 떼었다.

"그렇게 좋으냐?"

"왜 안 좋아?"

자식 낳아 길러 보기 전엔 모른다. 남면 할아버지네 은혜는 어떻게 몸으로나마 때운다지만, 니 말따나 뼈 빠지게 가래질을 해도 늘 허기지는 넌 또 어떻게 사냐?

4.

그 며칠 뒤다. 한수는 산성학교 교장을 따라 다른 두 아이와 영동 보통학교 편입 시험을 보러 갔다. 편입생 둘 뽑는데 인근 여러 간이소학교에서 열두 명이 왔다. 그 결과는 며칠 뒤 산성학교에 통보되었다. 합격증(입학허가서)과 함께, 입학금과 1년 치 월사금을 면제한다는 것이었다.

다음 날 산성학교 졸업식이 있었다. 학교 작은 마당이 졸업생과 학부모, 재학생들로 만원을 이루었다. 면장과 인근 유지들도 와 있었다. 그러나 밤실댁과 동수는 거기 없었다. 일도 해야 하고 입고 갈 마땅한 옷도 없고, 또 남면 할아버지가 간다는데 뭐-. 드디어 식이 시작되었다. 교장은 영동 보통학교에서 보내온 증서를 크게 읽고 졸업장 수여하듯 한수에게 주었다. 박수 소리가 정말 우레 같았다. 그것은 산성학교의 영광이요, 어려운 후배들에게 희망을 불어넣는 더없는 쾌사다, 교장의 음성은 계속 흥분해 있었다.

남면 할아버지는 지그시 눈을 감았다. 참 기특했다. 월사금 대준 보람이 있었다. 그러나 착잡한 마음은 금할 수가 없었다. 석우의 얼굴을 지우려고 눈을 번쩍 떴다. 드디어 졸업식이 끝났다.

교장은 늘 하던 대로 면장과 유지들을 교실로 안내했다. 술상이 차려져 있었다. 졸업생들 중 좀 여유 있는 학부형 몇이 마련한 것이다. 술상이래야 돼지머리 썬 것 몇 쟁반에 막걸리 두어 말이었지만 그래도 퍽 푸짐해 보였다. 교장의 감사의 말씀이 끝나자 모두 큰 대접으로 한잔씩 시원히 들었다. 남면 할아버지는 한 대접 들이마시고는 교장에게, 저녁에 직원들과 술이나 한잔하라며 지폐 한 장을 건네고 일어섰다. 직원이라야 교사 둘에 소사 하나다.

아침을 시원찮게 먹어서 그런지 막걸리 한 대접에 제법 취기가 올랐다. 교장의 배웅을 받으며 마당으로 나왔다. 한수가 달려왔다.

"아직 안 갔냐?"

"예, 할아버지 모시고 가려고요."

"허허허, 그랬어? 자, 가자."

남면 할아버지는 한수의 그 장한 손을 꼭 잡고 걸었다. 장터였다.

"시장하지?"

"아녀유. 아직 점심때도 안 됐는걸요."

남면 할아버지는 한수를 이끌고 국말이밥집으로 들어갔다.

"여기 국말이 둘, 막걸리 한 대접 주게."

국말이밥은 참 먹고 싶은 음식이었다. 척척 늘어진 왕파에 드문드문 섞인 쇠고기 조각에, 보리쌀이 좀 섞이긴 했어도 허연 쌀밥에, 한수는 군침이 돌았다.

"어여 먹어라."

"예."

남면 할아버지는 막걸리 한 대접을 죽 들이키고는 숟가락을 들었다. 한수가 푹푹 퍼먹고 있었다. 어째 좀 안쓰러웠다.

문득 큰아들이 생각났다. 동네 사람들이 다 착하다고 했다. 재주 있다고도 했다. 살아 있으면 늦어도 한수만 한 아들이 있을 것이었다. 자식도 없이 과부가 된 큰며느리의 모습이 또 답답하게 가슴을 눌러 왔다. 막걸리 한 대접을 더 가져오라고 했다. 한수가 숟가락을 놓으며 남면 할아버지를 바라보았다.

"할아버지, 제가 이번에 입학금이랑 월사금 1년 치를 면제 받았으니…."

"장한 일이여. 니가 워낙 점수가 높은데다가 산성학교 교장선생이 느이 사는 형편을 얘기했다더라."

"고맙구먼유. 어쨌거니 인제는 할아버지가 제 월사금 걱정 안 하시게 돼서 기쁘구먼유."

"그 말 하려고 날 기다린 게냐?"

"아녀유. 작년 졸업식 때 보닝개 할아버지가 좀 취하신 것 같아서…."

"허허허, 내가 너한테 월사금 주겠다는 것은 꼭 월사금만 내라는 게 아니어. 책도 사 보고 연필이랑 잡기장도 사 쓰고, 그러라는 게여. 다달이 내가 줄 테닝개 느이 어머이랑 상의해서 잘 써라."

한수가 무슨 말을 더 하려 하자 남면 할아버지는 반 남은 막걸리 대접을 죽 비우고 일어섰다. 어린것이 어찌 저리 소견이 트였을꼬?

그날 저녁때 남면 할아버지는 밤실댁을 불러 닭 한 마리와 막걸리 한 병을 들려 주었다.

"사람이 부모를 모르면 못쓰는 법이여. 내일, 동수 보고 한수랑 즈이 애비 산소에 가 잔 붓고 오라고 하게. 도냇골 우리 김가네 문중에 이런 경사가 어디 있는가?"

"닭은 집에도 있어유."

"아네. 그냥 내가 주고 싶어 주는 게여. 어여 가봐. 눈물 짜지 말고."

"예."

밤실댁은 아무 말도 못 하고 울며 돌아왔다. 남면 할아버지가 고마워서 울고 죽은 남편이 야속해서 울고 한수가 기특해서 울고 동수가 딱해서 울었다.

5.

눈은 여전히 어둠 속에 희끗거렸다.

밤실댁은 상을 차려들고 안방으로 들어갔다. 동수가 한수 입고 갈 두루마기를 아랫목에 깔고 있었다. 그러면 눈길에 좀 따뜻할까? 동정이 하얀 검정두루마기다. 밤실댁이 손수 베틀 딸가닥거려 짠 무명에 검정 물 들여 지은 것이다. 아직 동수한테는 두루마기 하나 해주지 못했다.

"어여 먹자."

밤실댁이 상을 내려놓으면서 말했다. 어서 먹자고는 했지만 밤실댁 밥그릇은 누룽지 두어 숟가락이다.

"이런 날은 하루쯤 빠져도 되잖아?"

밤실댁이 걱정스러워 말했다.

"내가 우리 학급의 급장인데 어떻게 빠져? 급장이 빠지면 딴 애들이 결석을 해도 선생님이 나무라실 수가 없잖아?"

"아녀, 그냥 해본 소리여."

밤실댁이 상을 물리자 한수는 책보에 책과 도시락을 싸 어깨에 메고 밖으로 나갔다. 모자도 반듯하게 잘 썼다. 이화(교표) 달리고 차양도 달린 검정 모자다. 동수는 버선 신은 동수의 검정 고무신을 새끼로 찬찬히 감아 주었다. 제 짚신에도 단단히 들메끈을 맸다. 동수가 한수를 데리고 사립을 나갔다. 밤실댁은 한참이나 사립 앞에 서 있었다. 또 굿날이 시큰해 왔다. 한수는 한수대로 기특하고 동수는 동수대로 기특했다.

사실은 동수하고 한수 사이에 딸이 하나 있었다. 밤실양반은 그 딸을 참 애지중지했다. 그러던 게 세 살에 홍역을 하다가 죽었다. 어린 딸을 묻고 온 날 밤, 밤실양반은 술에 많이 취해 있었다.

"고걸 살고 죽을 걸 무엇 하러 태어났어?"

꺽꺽 울었다. 그 뒤로 밤실양반은 도무지 말이 없었다. 산으로 나무를 하러 가면 딸 묻은 자리에 가 앉아 한나절을 다 보내고 일어섰다. 그러다가 한수를 낳아 재롱을 보면서 한두 마디씩 말을 했다. 그러더니 무슨 병인지 시름시름 앓다가 훌쩍 세상을 떠났다. 밤실댁은 하늘이 무너지는 듯했다. 모진 목숨에 두 아이, 차마 따라죽을 수가 없었다. 지금도 사는 게 짐스러울 때가 많지만 그래도 죽지 않고 이렇게 두 아이 기른 게 스스로 대견스럽다. 동수가 든 초롱불이 차차 멀어지고 있었다.

어느덧 마을 어귀 주막이다. 이 주막을 지나야 뒷구릿재 오르는 골로 들어선다. 주막에 불이 빤했다. 눈 밟히는 소리가 바짝바짝 났다.

"성, 저 석우 아저씨 말인데, 소문이 안 좋데."

"무슨 소문?"

"옥천인가 어디서 술집 여자와 살림 차렸다는 얘기도 있고, 한밭에서 놀음을 하다가 잡혀 들어갔다는 말도 있고…."

"누가 그랴?"

"우리 동네 애들이 다 그러던데. 남면 할아버지가 아시면 얼마나 속을 썩이실까?"

"자, 길 미끄럽다. 남 생각 말고 조심해서 걸어."

"왜 남이여? 난 남면 할아버지가 우리 할아버지였으면 싶더라."

"뭐여? 세상에 남을 보고 제 할아버지였으면 하는 놈이 어디 있어? 그럼 가서 석우 아저씨 작은아버지라고 부르면서 같이 살지 그랴."

"누가 그런댔어?"

드디어 망실재였다. 눈이 그쳤다. 미끄러지지 않으려고 힘을 써서 그런지 동수도 한수도 등에 땀이 났다. 날이 훤했다. 동수는 초롱불을 꺼 한수에게 들리고 솔숲 속 눈 안 맞은 바위에 앉았다. 늘 담배 한 대 피우는 곳이다. 쌈지를 꺼냈다. 아까 한수를 윽박지른 게 마음에 걸렸다.

동수도 석우의 소문을 간간 들었다. 그러나 생각도 하기 싫은 사람이다. 나이는 다섯이나 아래였지만 항렬이 높다. 산성학교 다닌다고 티 내지, 부자라고 유세 부리지, 어려서부터 온갖 아니꼬운 짓은 다 했지만 그럴 때마다 동수는 꾹

꾹 참았다. 남면 할아버지 덕에 사는데, 그래서 그랬다. 요 얼마 전에 잡혀 들어갔다는 소문도 들었다. 고소하다는 말이 목구멍까지 치밀어 왔지만 남면 할아버지에게 죄 짓는 것 같아서 고개를 돌렸다.

"가자."

동수는 꺼진 초롱불을 다시 받아들었다. 여느 때는 내리막길이 수월하지만 눈길이라 발목에 더 힘이 갔다.

6.

한수는 말없이 걸었다. 얘가 아직도 안 풀렸는가, 동수는 한수의 마음을 좀 풀어줄 요량으로 말을 걸었다.

"아까 내가 한 말 섭했냐?"

"그럼 좋았을까봐? 거기 가서 살라니, 무슨 말을 그렇게 정나미 떨어지게 햐?"

"그냥 해본 소리여. 니가 가겠다고 해도 난 널 못 보내."

이럴 때 애 마음을 풀어줄 무슨 농담 같은 것 없을까, 동수는 또 한참 생각하다가 말문을 열었다.

"너 어떤 처자한테 장가 갈래?"

한수가 힐끗 쳐다보고 내뱉었다.

"내가 무슨 장갈 가? 성이나 빨리 가."

"난 니가 공부 다 하고 장가들어 살림나는 거 보고, 그리고 그냥 어머이랑 둘이 살랑 걸."

여전히 한수는 못 들은 척 아무 말 없이 걸었다. 그러다가 문득 생각난 것처럼 되물었다.

"성, 혹시 아랫집 분이 누나 좋아햐?"

동수는 가슴이 뜨끔했다.

지난여름이었다. 안산 밑 샘가, 동수가 나무 한 짐 해 지고 돌아오는데 분이가 물 길어 이고 앞서 가고 있었다. 아랫집에 살아도 분이 과년한 뒤로는 먼빛으로도 보기 어려웠다. 걸음을 옮길 때마다 빨간 댕기가 나풀거렸다. 동수의 입에서 한숨이 새어나왔다. 분이는 갑자기 등에 불길이 이는 것 같아 돌아보았다. 순간 동수의 눈빛이 번쩍했다. 분이는 너무 떨려 어떻게 돌아왔는지 모른다. 처음이었다.

그날 밤 동수는 한숨도 못 잤다. 나풀거리던 그 빨간 댕기, 갑자기 뒤돌아보던 그 놀란 눈, 잠을 이룰 수가 없었다. 늘 아랫집 누이 같았는데—. 정신없이 돌아온 분이도 잠 한숨 못 잤다. 번쩍하던 그 눈빛, 처음 보는 그런 눈빛, 온밤 내내 가슴이 뛰었다. 늘 윗집 오라버니 같았는데—. 참 알 수 없는 일, 천지신명께서나 아실 일이었다. 하루하루 동수는 잠 못 드는 밤이 늘어났다. 분이라고 다를 게 없고.

"아랫집 분이를 좋아하느냐니 그게 무슨 소리여?"

“내가 언젠가 보닝개 분이 누나 안산 밑 샘에서 저녁쌀 씻는데 성은 저만치 나뭇짐 세우고 앉아 담배 피우데.”

사실이 그랬다. 저녁쌀 씻는 분이한테 물 한 모금 얻어먹었다. 분이는 물바가지 건네주며 외면을 했다. 외면하는 분이의 삼베적삼 봉긋한 곳이 눈에 확 띄었다. 동수는 얼굴이 화끈해 고개를 돌리고는 저만치 나앉아 담배 한 대를 피웠다. 헌데 한수가 어떻게 그걸 보았을까? 학교에서 돌아오던 길이었나? 능청스러운 놈, 그럼 보고도 못 본 체한 거여?

“목이 말라 물 한 모금 얻어먹고 잠시 쉬던 참이었어. 좋아하긴 무슨….”

“난 그냥 혹시나 해서. 난 분이 누나 좋더라. 우리 누난 어떻게 생겼을까? 살아있으면 그 나이쯤 될 걸.”

어느덧 날이 환히 샜다.

“인제 그만 돌아가. 날도 다 샜는데 뭘.”

“오늘은 너 기차 타는 것 보고 갈 거여. 어머이한테 그랬어.”

한수가 개찰구 나가는 것을 보고서야 동수는 돌아섰다.

돌아오는 길엔 해가 났다. 동수는 망실재에 앉아 또 담배 한 대를 피웠다. 분이가 눈앞에 어렸다. 빨간 댕기, 놀란 눈, 삼베적삼 봉긋한－.

분이가 안산 언덕에서 나물을 뜯으면 동수는 나무하던 낫질을 잠시 접고 분이 저만치에 가 앉았다. 달려가 손이라도 한번 덥석 잡고 싶었지만 금방 고개를 저었다. 그건 안 될 일이었다. 겨우 입에 풀칠이나 하는 이 가난한 집엘 데려다가 어떻게 뼈 빠지게 일시키고 배 곯려? 안 될 일이었다. 동수는 제가 늘 답답했다.

분이도 동수가 답답했다. 왜 저렇게 혼자 와 우두커니 앉았다가 그냥 가? 날 좋아는 햐? 그럼 쓰다 달다 무슨 말이 있어야지. 자다가도 동수의 그 번쩍하던 눈빛을 생각하면 가슴이 콩콩 뛰었다. 그럴 때마다 분이는 고개를 저었다. 왜 나 혼자 이랴? 나도 무슨 말 있기 전에는 생각도 안 할걸. 그려, 생각도 안 햐.

언제부터인지는 확실치 않다. 분이는 샘에서 물을 긷든지 언덕에서 나물을 뜯든지 동수의 기척이 나면 얼른 일어섰다. 그래야 할 것 같아서 그랬다.

7.

어느덧 그해가 가고 이듬해 봄이었다.

한수는 6학년이 되어서도 월사금이 면제되었다. 그러나 남면 할아버지는 꼬박꼬박 월사금을 주었다. 월사금은 밤실댁을 오래서 주었지만 더러는 한수를 직접 부르기도 했다. 그런 날은 사랑방에 겸상을 하고 학교에서 배운 것들을 이것저것 물어 보았다. 남면 할아버지는 못 배운 게 늘 한이었다.

그날도 한수를 불렀다. 여전히 겸상이었다. 한수가 두 손으로 주전자를 들고 막걸리를 따랐다. 남면 할아버지는 거푸 두어 대접 들이키고는 길게 한숨을 내쉬었다. 석우가 잡혀 들어간 걸 이미 알고 있었다.

"한 대접 더 따르거라."

한수가 멈칫거리자 남면 할아버지가 말했다.

"왜, 내가 취한 것 같으냐? 괜찮다. 니가 여기 있는데 어떠냐? 너, 나 쓰러지면 업을 힘 있겠냐?"

"예, 저도 나이 열일곱이어유. 그렇지만 할아버지가 쓰러지시면 우리 집안은 물론 도냇골 사람들 어떻게 살아요? 마음 단단히 잡수세유."

허허, 이놈 봐라. 그러니까 너무 상심하지 말라, 이게여? 근데 니가 어떻게 그 소문을 들었어? 소견이 탁 트인 놈이여. 허나 이 술 없으면 보리쌀 한 톨 안 넘어가는 걸 어쩌는가? 그놈은 시방 소금국에 콩밥을 먹는다는데－.

그해 초가을이었다.

남면 할아버지가 또 한수를 불렀다. 여전히 겸상을 하고 술을 따르게 했다.

"내년 봄이면 졸업이지?"

"예."

"어디 좋은 데 취직을 해야 느이 형편이 필 텐데. 내가 청성 쪽으로 한번 알아봐야겠다."

"너무 제 걱정만 끼쳐 드려서…."

한수는 진실로 남면 할아버지가 고마웠다.

"그럼 그만 가 보거라. 돈 간수 잘 하고."

"예."

그때였다. 한수가 막 일어서려는데 밖이 잠시 소란했다. 금방 석우가 방 안으로 들어섰다. 호롱불빛에도 초췌한 모습이었다. 석우는 한수 한번 흘깃 보고는 남면 할아버지 앞에 절을 했다.

"어떻게 된 게여?"

"차차 말씀드리겠어유."

"아저씨, 오랜만이네유. 그럼 전 이만 가보겠어유."

한수는 무슨 못 볼 것을 본 것처럼 돌아오는 길 내내 가슴이 두근거렸다.

그날 밤 밤실댁은 설거지를 마치고 닭장에서 병아리 한 마리를 꺼냈다. 고생한 사람이니 소복을 해야지, 약병아리 감으로 꼭 맞았다. 동수가 어딜 나가고 없어서 혼자 갔다. 남면 할아버지네 마당에 들어서자 부엌에서 석우댁이 나왔다.

"돌아오셨다지?"

"예."

"이거 병아리여. 푹 고아 드려."

"머 할라고 이런 걸 다. 어서 안방으로 들어가세유."

석우댁이 병아리를 받았다. 그때 석우가 사랑에서 나와 안채로 오고 있었다.

"고생 많았지유?"

"고생은 무슨. 그런데 한수는 왜 여길 보내유?"

석우는 더 말 없이 안방 잠깐 들여다보고 나와 안채에 달린 제 방으로 들어갔다.

"워낙 성질이 저러닝개 노여워 마세유."

석우댁이 난감해하다가 밤실댁의 소매를 잡고 안방으로 이끌었다. 밤실댁은 다리가 떨려 금방 되돌아오고 싶었지만 여기까지 와서 남면 할머니 얼굴도 안 보고 갈 수는 없었다. 남면 할머니는 머리를 싸매고 누웠다가 겨우 일어나 앉았다.

또 한 해가 갔다.

이제 한 달이면 한수의 졸업이다. 셋이 둘러앉아 저녁을 먹는데 한수가 불쑥 말을 꺼냈다.

"오늘 점심시간에 선생님이 부르셔서 가 뵈었더니…."

선생님은, 한수가 졸업 1등이라 청주든 경성이든 상급학교에 진학하겠다면 관비생으로 추천해 주겠다고 했다.

"관비생이 뭐여? 입학금이랑 월사금이랑 그런 것 안 내는 학생이여?"

동수가 물었다.

"응, 그런데 기숙사에 내는 돈이 좀 있댜."

"얼마나 된댜?"

밤실댁은 말이 없고 동수가 또 물었다.

"선생님도 잘 모르시는 것 같아. 그냥 몇 푼 안 될 거라고만 하시데."

"어머이, 한수 어떡햐?"

"뭘 어떡햐?"

"이런 좋은 계제가 또 어디 있어? 내가 가서 남면 할아버지 좀 뵙고 올게."

"가지 마라."

석우의 얼굴이 확 지나갔다. 그러나 석우가 아니더라도 거기 더 신세질 수는 없는 일이었다. 동수가 일어섰다.

"야가 어딜 간다고 이랴?"

"암데도 안 가."

동수는 마당으로 나와 곰방대에 담배를 쟁였다. 후 내뿜었다. 아무리 생각을 해봐도 남면 할아버지한테 가 사정을 말해 볼 일이었다. 동수는 곰방대를 털고 집을 나섰다. 떨어지지 않는 걸음이었다. 밤하늘에 별이 총총했다.

청천 하늘엔 잔별도 많고
요 내 가슴엔 시름도 많네.

동수는 남면 할아버지네 대문 앞에서 잠시 망설였다. 그때 석우가 나왔다.

"아저씨, 오래만이여. 어디 가?"

석우가 멈칫 섰다.

"주막에. 그런데 웬 일로 왔어?"

"아저씨한테 인사도 하고 할아버지한테 긴히 여쭐 말씀도 있어서…."

"아부지 지금 곤드레가 돼서 주무셔. 나한테 얘기하면 안 되어?"

"안 될 거야 없지만…."

"내가 이 집 주인이여. 나 모르게 무슨 일 할 생각 마."

그건 그랬다. 석우 모르게 할 일이 아니었다. 숨길 것 없다. 한수 이야기를 꺼냈다. 죽어도 석우한테는 열기 실은 입이었다. 석우가 다 듣기도 전에 내뱉었다.

"왜 논배미라도 팔지 그랴?"

동수는 할 말이 없었다.

"내 것은 손 안 대고 남의 돈으로 공부시키겠다, 허."

"아저씨 말이 다 옳아. 그러나 우리 형편 잘 알잖아. 애 재주가 아까워서 그러니 아저씨가 어떻게 한 번만…."

동수는 빌다시피 했다. 그 열기 싫은 입으로 어떻게 그처럼 천연스럽게 사정을 했는지 모른다.

"보통학교 월사금은 누가 댔어? 난 보통학교 근처에도 못

가봤어. 그런데 아부지 돈으로 또 어딜 가? 사람들이 염치가 좀 있어야지."

염치? 동수는 순간 머리에 피가 콱 치솟았다.

"염치란 말은 좀 심하게 들리네. 이런 말 하면 할아버지한테 죄스럽지만, 그동안 우리 어머이하고 나하고 아저씨네 일 뼈 빠지게 했어."

"누가 하랬어? 나 지금 주막에서 외지 손님들이 기다려. 어쨌거나 다신 이런 일 가지고 우리 집에 오지 마. 감나뭇골 밭뙈기나마 부쳐 먹고 살려거든."

어둠 속으로 사라지는 석우의 희미한 뒷모습을 보면서 동수는 천만 번도 더 후회를 했다. 그러나 이미 주워 담을 수 없는 일이었다. 돌아오면서 곰곰 생각해 보았다. 석우의 말이 옳다. 석우의 말이 옳고 보니 더 분통이 터졌다.

석우는 그날 밤 밤이 이슥해서야 좀 취해서 돌아왔다. 남면 할아버지가 마루에 혼자 앉아 담배를 피우고 있었다.

"어딜 갔다 이렇게 늦은 게냐?"

"주막에 외지 친구들이 와 있어유. 내일 그 사람들과 한밭엘 좀 가볼 일이 생겨서…."

"무슨 일이여?"

"함께 사업 좀 해볼까 해서유."

"무슨 사업?"

“정해지는 대로 말씀드리겠어유. 돈 좀 주셨으면…. 참, 아까 동수가 아부지 뵈러 왔었어유.”

“왜?”

석우는 동수한테 들은 대로 말하고 한마디 덧붙였다.

“세상에 이렇게 염치없는 사람들 저는 참 처음 봐유. 또 오면 야단쳐 돌려보내세유. 보통학교는 누구 돈으로 댕겼는데….”

그리고 안채로 들어갔다. 남면 할아버지는 그날 밤을 한숨도 자지 못했다. 이놈이 또 어떤 놈들과 무슨 일을 꾸미는 게여? 석우는 다음날 새벽 돈을 챙겨 넣고 집을 나갔다.

이튿날 저녁 뒤였다. 남면 할아버지가 밤실댁과 동수, 한수를 불렀다.

“너 어젯밤에 날 보러 왔었다며?”

“예.”

“석우한테 다 들었다. 내 얘기 잘 들어라. 내가 오늘 산성학교엘 갔었다. 전에 몇 푼 준다고 한 게 있어서 오늘 갖다 줬어. 그래 갔던 길에 교장에게 물어 봤더니 그 기숙사비라는 게 내가 한수한테 매달 준 월사금 정도밖에 안 되어. 그래 돌아오면서 많이 생각했다. 청주에 무슨 학교가 있는데 그 학교를 졸업하면 영동 보통학교 같은 큰 학교의 선생이 된다. 우리 한수를 거기 보내자.”

동수가 코 한 번 훌쩍이고 입을 열었다.

"아녀유, 할아버지. 석우 아저씨 말이 백번 옳아유. 염치없는 일이어유. 논 두 마지기 있는 것 팔겠어유."

밤실댁도 고개를 저었다. 그것은 안 될 일이었다. 사람이 염치가 있어야지-.

"논을 팔면 뭘 먹고 살아? 내가 언젠가도 말했지만, 우리 도냇골 김가네, 진서 섞어 편지 한 장 제대로 쓰는 놈이 없어. 한수가 그 학교 졸업하고 보통학교 선생이 되면 우리 도냇골 김가네의 경사여. 보통학교 선생은 월급도 많다닝개 느이 형편도 필 게고. 내 말대로 해라."

셋은 더 다른 말을 못 하고 돌아왔다. 한수는 묵묵히 돌아오고 동수는 벌건 눈으로 돌아오고 밤실댁은 훌쩍이며 돌아왔다.

8.

동수가 영동 보통학교를 졸업한 지 어느덧 보름이다. 오늘은 한수가 청주로 떠나는 날이다. 밤실댁은 어제 동수, 한수를 데리고 밤실양반 산소엘 가 술 한 잔 붓고 왔다. 당신 아들 잘 되게 살펴 주어유, 또 눈물이 났었다. 돌아오는 길에 남면 할아버지, 남면 할머니도 찾아뵈었다. 남면 할머니는 몸져누워 있다가 겨우 일어나 앉으며 말했다. 그냥 방바닥만 내려다보고—.

“한수가 큰 학교를 간다지? 자넨 복 많은 사람이여.”

남면 할아버지는 사랑마루에 혼자 앉아 담배를 피우며 말했다. 그냥 먼 하늘만 바라보고—.

“한눈팔지 말고 공부 열심히 해라. 아쉬운 것 있으면 편지하고.”

밤실댁은 집으로 돌아오고 동수는 한수를 데리고 도냇골을 빠져나갔다.

“나 혼자 가도 된다닝개. 성도 들어가.”

“오늘은 지푸내까지 가서 너 기차 타는 거 볼 거여. 인젠 한겨울이 되어도 너 데리고 이 길 걸을 일 없는걸.”

“그동안 성 힘 많이 들었지?”

“아녀. 그리고 너 참, 조치원에서 내리는 거 잊지 마라, 알았지?”

“아무리 초행길이기로서니 내가 길 잃을까봐 그랴?”

“그리고 너, 반공일에 집엘 와서 공일날 가면 안 되어? 어머이가 너 많이 보고 싶을 걸.”

“난들 왜 어머이가 안 보고 싶어? 성도 몹시 보고 싶을 거고. 그렇지만 그 기차 삯을 어떻게 대? 여름방학에나 올게.”

날이 청명했다. 망실재였다.

“성, 담배 한 대 피워야지.”

"그려."

동수가 곰방대를 꺼내 담배를 재였다. 파란 연기가 허공으로 확 퍼졌다.

"그런데, 성. 분이 누나 날 받았다데."

"누가 그랴?"

"승식이가 그러데. 즈이 누나 날 받았다고. 그런데 분이 누나가 즈이 아부지한테 그 말 듣고는 윗방으로 들어가 흐느껴 울더랴. 좋은 일에 왜 울어?"

"글쎄다. 부모형제 떠나는 게 슬펐던 게지. 자, 가자."

동수도 요 며칠 전 사랑엘 갔다가 들었다. 사랑에서 그 말 들었을 때 동수는 가슴이 미어지는 듯했다. 그러나 지금은 오히려 마음이 편하다. 어느 집으로 시집을 간들 우리 집만 못할까? 그건 턱도 없는 욕심이여–. 분이가 흐느껴 울더라는 소리는 오늘 처음 들었다. 문득 분이의 붉은 댕기, 놀란 눈, 봉긋한 삼베적삼이 어지럽게 떠올랐다. 동수는 고개를 저었다. 좋은 집에 가 잘 살아야 햐.

드디어 지푸내, 늘 남쪽으로 가던 기차가 오늘은 북쪽으로 간다. 동수는 한수가 탄 기차가 모롱이를 돌아 멀리 사라진 뒤에도 역 광장에 혼자 한참 서 있었다. 그러다가 발을 떼었다.

돌아오는 길, 망실재에 앉아 또 담배 한 대를 피웠다. 한수가 떠났다. 내일부터는 한수 뒷바라지할 일이 없다. 분이도 곧 떠난다. 인젠 먼빛으로도 못 본다. 연기를 뿜었다. 내려다 보이는 지푸내가 봄볕 속에 고즈넉했다.

백설부(白雪賦)

필자주 : 이 이야기에는 좀 생소한 단어들이 몇 나온다.

빵빵 : 1950년대 말, 당시 사병들의 복무연한은 36개월이었다. 그러나 대학생이 학적을 보유하고 입대하면 18개월의 단기복무 혜택이 주어졌다. 이들을 학보병(학적보유병)이라고 했다. 이 학보병이 단기복무를 마치면 곧 귀휴(歸休)하는데, 그러나 복학하지 않으면 다시 징집되었다. 이 학보병들은 더러 빵빵이라고도 불렸다. 그것은 그들의 군번이 00으로 시작되었기 때문이다. 별로 좋은 뜻을 함축한 말은 아니었다. 초기에는 일반군번을 받고 입대하는 학보병도 있었다. 물론 그들도 입대 후 언제든 다시 학보 신청을 할 수 있었다.

개조(改造) : 타락한 사회(또는 개인)를 건전한 사회로 고치자는 뜻. 한때 지식인들 사이에 널리 퍼진 바 있다.

아리랑 : 우리나라 최초의 필터 달린 담배. 화랑담배보다 좀 길었다. 사병들이 선망하는 담배였다.

(2012. 2.)

1.

막사 밖은 북풍이 몰아치는데－.

2등병들은 무질서하게 앉고 눕고 떠들고 있다. 그들은 상품, 논산(육군신병훈련소)에서 한번 3보대(춘천 제3보충대)로 팔렸고, 거기서 다시 신안리 사단 보충대, 그리고 어제는 여기까지 왔다. 언제 이 연대 보충대를 떠날는지, 떠나면 어느 중대로 팔려갈지, 상품들은 모른다.

창을 휘갈기는 북풍에 눈발이 희끗거렸다.

2등병 최욱(崔旭), 침상에 누워 아리랑 한 대를 빼어 문다. 성냥 소리가 딱 난다. 속을 훑어온 파르스름한 연기가 허공으로 퍼진다. 그때 돌아앉아 사냥하던 전라도가 히죽거리며 손을 내밀었다. 하지만 최욱은 그 손을 무시하고 돌아눕는다. 전라도가 무안했던지 혼자 중얼거렸다.

"허, 빵빵이라 이것이여? 사람 괄시 한번 심허네, 잉?"

경상도가 화랑 한 대를 빼주며 거든다.

"예 있다. 좀 배웠다는 자석들 인정 있는 거 니 봤나?"

최욱은 못 들은 체 또 후－, 연기를 뿜는다. 여전히 허공으로 퍼지는 파르스름한 저 연기, 저건 몇 차(次) 곡선일까? …, n차, n+1차, n+2차, n+n차, 부조리의 공간과 무한차(無限次) 곡선, t=18개월의 좌표에서 나는 해방된다. 상품에서 인간으로 복귀한다. 그러나 그는 신병, M1도 손에 안 익은 입대

2개월이다. 앞으로 남은 t=16개월, 나는 항거할 것이다. 어떤 주먹과 어떤 발길, 어떤 코피가 무슨 곡선을 그리든. 훈련소, 3보대, 사단 보충대의 그 상병, 그 병장들의 얼굴이 눈앞에 명멸했다.

"야, 땅보, 이리 와라."

보충소대 서무계가 난롯가에서 부른다. 병장이다. 최욱은 피우던 담배를 재떨이에 비벼 던지고 난롯가로 갔다.

"허, 잘 걸렸네, 잉."

아까 그 전라도가 고소하다는 듯이 한마디 했다. 서무계는 야전의자에 비스듬히 앉아 다가오는 최욱을 훑어보았다. 최욱은 그 오만에 구역질이 났다.

"거, 긴 거 하나 선처해라."

"없습니다."

"지금 피웠잖아, 인마!"

"하지만 없습니다."

"좋아, 한 발 앞으로."

최욱이 서무계 앞으로 한 발 다가선다. 서무계가 천천히 일어선다, 번들거리는 가죽장갑을 벗는다, 최욱의 야전잠바 주머니에 느닷없이 손을 넣는다. 최욱이 그 손을 잡는다.

"이러지 마십시오."

"이러지 말라? 좋아, 빵빵이라 이거군, 그래? 기록카드에 잉크도 안 마른 놈의 새끼가, 흥."

서무계가 가죽장갑을 도로 낀다. 순간 최욱이 휘청한다. 코를 틀어막는다. 미지근한 것이 거침없이 쏟아진다.

"꺼져, 이 새끼야, 재수 없어!"

서무계가 문짝을 걷어차고 나간다. 최욱은 자리로 돌아와 한없이 닦아내고—.

"허, 아리랑 값 한번 비싸다, 잉?"

"저 자석 저러다 죽제?"

전라도와 경상도가 한 마디씩 빈정댄다.

최욱은 낡은 담요를 말아 베고 다시 아리랑을 꺼내 물었다. 경상도와 전라도가 그걸 보고 또 한마디씩 빈정댄다.

"저게 빵빵 곤조(근성)라카이. 알아줘야제."

"그려, 알아줘야지, 잉?"

그렇다, 빵빵 곤조 알아달란 말이다! 최욱은 깊숙이 연기를 빨아들였다가 확 뿜어냈다. 담배가 아까운 게 아니다. 내가 권할 때 너희는 사양해야 정상이다. 한데 이건 뭐냐? 정상으로 환원될 때까지 나는 싸운다, 항거한다. 그리하여 이 조직을 개조할 것이다. 그래, 필요하다면 얼마든지 맞아주마, 채여주마, 쏟아주마. 최욱은 깊숙이 빨아들였다 내뿜는 연기에 기분 좋은 현기증이 일었다.

그때 누군가 다가와 툭 치며 곁에 누웠다. 키가 후리후리한, 가슴팍이 딱 벌어진 녀석이다. 최욱은 녀석의 군번이 00으로 시작된 걸 보았다. 손을 내밀었다.

"나 최욱이야."

녀석이 최욱의 손을 잡으면서 빙긋 웃었다.

"나 성민(成珉)이야."

그런데 녀석의 이 큰 손에 왜 이렇게 힘이 없을까? 최욱은 약간 불만을 느끼면서 아리랑 한 대를 빼주었다.

"땡큐."

녀석은 최욱의 담배를 가져다 불을 붙이면서 또 빙긋 웃었다.

"흥, 야들이 와 이카노? 초록은 동색이고 가재는 게 편이라, 이거제?"

"그려, 그려, 가재는 게 편잉개, 허."

경상도와 전라도가 아니꼬운 눈으로 바라보았다.

"들었니?"

최욱이 성민을 보고 실소 비슷한 걸 보냈다.

"음, 하지만 신경 쓰지 않아. 난 불감증이니까."

"분노 같은 거 느낀 적 없니?"

"늘 느끼고 있어. 뭐, 그런다고 이 거대한 황하(黃河)가 내 한 방울의 코피로 맑아지겠니?"

"맑아질 날이 있을 걸 믿지 않니?"

"흐흠, 글쎄."

최욱의 웃음기 없는 얼굴, 성민은 여전히 부드러운 웃음을 보냈다.

그때 누가 내무반 문을 걷어차고 들어왔다. 연대 사병계, 역시 병장이다. 자식은 눈 묻은 군화로 침상을 쾅쾅 차며 소리쳤다.

"일어나랏, 자식들이 낮잠이야!"

내무반이 잠시 어수선했다. 사병계가 보충병 명부를 펼쳐 들었다.

"성민, 최욱, 사물 챙겨들고 따라오라."

자식은 또 문을 걷어차고 나갔다. 전라도와 경상도가 여전히 한마디씩 한다.

"허, 빵빵들만 팔렸네, 잉? 겨우 어제 온 놈들이 싸가지 없게."

"빨리 팔려가 머 할라꼬? 이 북풍한설에 보초 슬 것 니 생각해 봤나? 차라리 여기서 썩는 게 낫다 아이가."

인사과로 가는 오르막길, 북풍은 현저히 자고 어둑한 하늘에 흰 눈이 흩날렸다. 사무실은 후끈했다. 무연탄 난로가 벌겋게 달아 있었다.

"얘들입니까?"

해사하게 생긴 상병이 일어나며 사병계에게 물었다.

"음."

상병은 손을 내밀어 최욱과 성민의 손을 차례로 잡았다.

"나, 2중대본부 김진우(金鎭愚) 상병이야. 같이 고생하게 됐어."

상병의 맑은 눈동자와 꼭 다문 입이 최욱은 마음에 들었다. 이 개조되어야 할 조직에도 사람 같은 게 있을지 몰라, 아냐, 약해지면 안 돼, 이 따듯하게 느껴지는 상병의 손길도 아직 그대로 신뢰하긴 일러, 틀림없이 00의 코피를 터뜨렸으리라, 맞아, 이렇게 전제해 두어야 해.

중대까지는 시오리, 북풍 멈춘 어둑한 하늘에서 흰 눈이 펑펑 쏟아졌다. 셋은 눈 쌓이는 군용도로를 나란히 걸었다. 보급물자를 실은 트럭들이 눈을 튕기며 달아났다. 상병이 입을 열었다.

"우리 중댄 신설 부대야. 아직 중대 식당도 없어. 소대별로 취사장에 가 타다 먹어야 해. 좀 귀찮겠지만, 뭐, 편하려고 군대 온 건 아니니까. 주보도 없어. 하지만 인사계님 조르면 돼. 그러면 이 양반 출근할 때 다 사다 주셔. 편지지 편지봉투, 땅콩 오징어, 뭐든지 다. 더러는 막걸리도."

신병에 대한 일종의 오리엔테이션이다. 최욱은 말이 없다. 길가 영문 표지판만 흘끔거리던 성민이 갑자기 물었다.

"의무시설도 없습니까?"

상병의 말투는 여전히 차분했다.

"곧 생길 거야. 하지만 걱정할 것 없어. 소화제, 감기약, 설사약, 머큐로크롬, 붕대, 인사계님이 다 사다 사무실에 쟁여 놨으니까."

최욱은 말이 없다. 피곤했다. 코피를 너무 많이 흘린 탓일까? 길은 어느새 조그만 마을로 접어들었다. 상병이 말했다.

"나, 약 좀 살 게 있어. 우리 담배나 한 대 피우고 가지."

셋은 길가 약방으로 함께 들어갔다.

상병이 약을 사는 동안 최욱은 오래간만에 신문을 보았다. 부정, 사기, 불륜, 살인, 굵직한 활자들이 지면에 어지럽다. 성민은 콘사이스를 꺼내들고 아까 길가 표지판에서 본 낯선 단어를 찾았다. 최욱이 아리랑을 꺼내 한 대 빼어 문다. 성민에게도 한 대 건넨다. 상병에게도 한 대 줄까 하다가 그만둔다. 이미 전제한 바 있지 않니? 상병이 페니실린 상자를 받아 서류가방에 넣는다. 그리고 성민의 불을 빌려 화랑 한 대를 피워 문다.

눈은 한 발 앞이 안 보이게 그렇게 쏟아졌다.

2.

"인제 오느만유."

중대본부에 다다르자 1병 하나가 뛰어나왔다. 심한 충청도 사투리, 덥석 상병의 서류가방을 받는다. 낯선 두 얼굴에게도 미소를 보낸다. 최욱은 그 미소가 참 바보 같다고 생각했다. 특징 없는 저 얼굴－.

"고생들 했구먼 그랴."

1병이 난롯가에 철제 야전의자들을 끌어다 놓는다.

"오 병장님은 어디 가셨니?"

"모르겄어유. 인사계님한테 야단맞곤 또 휘딱 뛰쳐나갔구먼유."

상병이 서류를 정리하는 동안 1병이 양은식기에 건빵을 쪄 냈다. 작아도 봉긋한 호빵이다. 구수한 호빵 냄새에 성민은 갑자기 시장기를 느꼈다.

"자, 우선 요기들이나 해여."

1병이 포크 한 개씩을 나누어 준다. 상병도 다가와 앉는다.

"거 아주 일미네요."

성민이 호호 불면서 입에 넣는다.

"우리 정 1병의 주특기니까. 자. 최 2병도 들어."

상병이 최욱에게 권한다.

"좀 들지 그랴."

화랑 꽁초를 빨던 1병이 최욱의 팔을 툭 친다. 허나 최욱은 표정 없는 눈길로 거절해 버린다. 입이 터지게 쳐 넣고 우물거리는 성민이 한심스럽다. 불감증이라구? 항거를 잃은 자식, 어쩐지 네 손에 힘이 없더라니－.

최욱이 아리랑을 꺼낸다. 1병이 기겁을 한다. 하지만 최욱은 한 대 빼어 물고는 태연히 집어넣는다.

"아, 한 대만 줘, 자."

최욱은 못 들은 척 성냥을 긋는다.

"아, 전우가 달라는데 그거 한 대 안 주기여?"

전우? 언제부터? 네까짓게 내 코피의 의미를 알아? 최욱이 벌떡 일어나 창변으로 다가간다. 상병은 입에 든 것을 천천히 씹으면서 무연탄 난로의 벌건 데를 말없이 바라보고 있다. 성민이 최욱의 곁으로 다가가 조용히 말을 건넨다.

"한 개비 주지 그러니?"

최욱의 경멸에 찬 시선이 성민에게 차갑게 가 꽂힌다.

"와이 낫?"

"타협하라는 거니?"

최욱이 싸늘하게 내뱉는 순간 상병이 다가온다. 그리고는 최욱의 야전잠바 주머니에 거침없이 손을 넣는다. 아리랑, 상병은 그걸 꺼내다가 활활 타는 난로에 확 처넣었다. 최욱은 할 말을 잊었다. 이 야만적인 행위를 규탄할 그런 통렬한 어휘가 생각나지 않았다. 최욱이 무어라고 할 때였다.

"변상한다."

상병이 백 환(圜)짜리 두 장을 최욱의 발 앞에 내던졌다.

"거지가 아닙니다."

"그럼 주워 주지."

상병이 돈을 주워 최욱의 코앞에 들이댄다.

"받아라, 최욱."

불똥 튀는 두 시선, 상병도 최욱도 똑같이 화석처럼 굳었다.

"아, 첫날부터 이게 뭐여?"

1병이 상병의 팔을 잡아끈다. 상병은 그 지폐 두 장을 1병에게 맡기고 자기 자리로 가 앉는다.

그때 사무실 문이 여닫긴다. 인사계다. 중사다. 얼굴이 좀 검다.

“다녀왔구나. 눈길에 수고했다.”

인사계석에 앉는 중사, 상병이 최욱과 성민의 기록카드를 들이민다.

“얘들입니다.”

중사, 기록카드를 훑어본다. 무심한 표정이다.

“3소대로 보내라.”

“본부에 필요합니다.”

“빵빵은 안 돼.”

“중대 행정은 누가 봅니까? 당분간 보충이 없습니다. 내달이면 오 병장님도 제대합니다.”

“너 혼자 고생하는 거 안다. 그래도 빵빵은 안 된다. 일 배워 쓸 만하면 나간다. 중대장님도 허락하실 리 없고.”

중사, 일어선다. 퇴근할 눈치다.

“얘들, 일 금방 배웁니다.”

상병, 휙 돌아서 제 책상에 가 앉는다. 천천히 중사가 다가온다. 상병 책상에 무얼 던진다. 아리랑 한 갑이다.

“자식, 고집은-. 정 그러면 중대장님 휴가 끝나고 오실 때까지 보류해라. 조수로 쓸 테면 쓰고. 내가 언제 널 한 번

이겨 봤니? 너희들도 빵빵 곤조 부리지 말고 말 잘 들어라. 그럼 수고들 해라."

중사가 사무실을 나가자 상병은 아리랑 한 갑을 네 몫으로 나누어 다섯 개비씩 돌렸다. 1병이 펄쩍 뛰며 한 대 피워 문다. 성민도 함께 피워 문다. 최욱은 싸늘하게 식은 얼굴, 상병이 주는 담배를 받지 않는다.

"사과한다. 자, 웃음을 되찾자. 이럴 수는 없지 않니?"

"웃음? 분명히 말해 둡니다. 나는 이 조직의 개조를 위하여 항거할 겁니다. 이 조직이 개조되면 그때 웃음을 되찾겠습니다. 이미 주먹과 발길과 수탈은 각오되어 있습니다."

최욱은 홱 돌아서서 창밖으로 시선을 던졌다. 눈시울이 화끈해서다. 언제든 눈물은 격정과 함께 왔다. 안 된다, 항거는 싸움이다, 전장에 눈물이 있을 수 있니? 최욱은 입술을 지그시 깨물었다.

"최욱, 개조는 항거로 이루어지지 않는다."

상병이었다. 최욱이 다시 또 홱 돌아섰다.

"뭐라구요?"

"이루어지지 않는다. 항거는 이미 개조의 방법이 아니다. 자기만족을 향락하는, 그렇다, 소아병적 영웅주의, 항거는 한낱 마스터베이션에 지나지 않는다."

"마스터베이션?"

"이 담배는 내 서랍 속에 넣어두마. 언제든 마음대로 꺼내 피워라.”

상병, 서랍 속에 담배를 넣어두고 나간다.

“히이즈 라잇, 웃으면서 18개월, 아니 이제 16개월이야, 알았니?”

성민이 혼자 중얼거리듯 말했다. 최욱은, 무슨 궤변이야, 소리치고 싶었지만 무엇에 얻어맞은 것처럼 머리가 띵 했다.

1병이 크고 작은 바케츠 두어 개를 들며 누구 함께 밥 타러 가자고 했다. 성민이 따라나섰다.

상병은 눈길을 걸었다. 하늘이 어둑하다. 그 퍼붓던 눈은 가라앉고 그냥 띄엄띄엄 희끗거렸다. 최욱에게 무엇인가 더 말했어야 하는데−. 최욱, 난 고등학교 때 참 못된 아이였다. 학교도 늘 빼먹었다, 공부 싫은 아이들과 어울려 싸돌아다녔다. 사흘이 멀다 하고 패고 터졌다, 대학은 이미 포기했었다. 그러나 최욱, 내가 그 아이들을 떠나 학교로 다시 돌아간 건, 알겠니? 아버지의 무서운 매가 아니라 어머니의 슬픈 눈 때문이다. 간절한 기원의 그 눈, 나는 그 슬픈 눈을 더 볼 수가 없었다.

하얀 눈길에 상병의 군화 자국이 외로이 남는다. 그러나 누군가가 또 그 뒤를 이어 올 것이다. 누구일까, 성민일까, 최욱일까?

지금 눈 내리고

매화(梅花) 향기 홀로 아득하니,
내 여기 가난한 노래의 씨를 뿌려라.

다시 천고(千古)의 뒤에
백마(白馬) 타고 오는 초인(超人)이 있어
이 광야(曠野)에서 목놓아 부르게 하리라.

이육사(李陸史)의 '광야(曠野)' 몇 줄, 상병은 이 시가 좋다. 저만치 희뿌연 어둠 속에 불빛 몇이 빤하다. 마을이다.

최욱은 여전히 사무실 창변에 서 있었다. 소대 막사들, 그 희미한 불빛들이 어둠 속에 고즈넉하다. 개조는 항거에서 이루어진다, 용기 없는 자들은 궤변을 농한다, 좋다, 얼마든지 달갑게, 그래 달갑게 제물이 되어 주마.

잠시 후 1병과 성민이 밥을 타 왔다. 중대 사무실과 문 하나로 통하는 내무반, 거기 헌 책상이 하나 있다. 그게 식탁이다. 식사가 시작되었다. 최욱은 꽁치국이 역겨웠다. 하지만 성민은 그 국에 밥을 말아 후딱 한 그릇을 비운다. 흥, 걸신들린 자식, 먹는 게 신조로군. 최욱은 두어 술 뜨다 만다. 그리곤 사무실로 나갔다. 1병이 눈을 똑바로 뜬다. 아니, 이런 싸가지 없는 자식이 다 있어, 설거지는 누가 하라고? 1병은 최욱을 불러 세울까 하다가, 첫날인데 뭐, 하고는 참는다.

창밖, 최욱은 눈을 감는다. 밤바람 소리가 향수(鄕愁)를 뿌리며 지나간다. 왈칵 고독(孤獨)이 인다. 안 된다, 향수든 고독이든 그 어떤 것도 센티멘털한 것은 내 안에 들어올 수 없다, 저 가죽장갑, 난로에 처넣던 담배갑, 잊었니? 개조의 향도에게 감상은 금물이다.

최욱은 한참 자신을 다그치다가 내무반으로 돌아왔다. 성민이 1병과 야전침대를 나란히 하고 누워 아리랑을 빨고 있다. 표정 없는 태연한 얼굴이다. 흥, 불감증이라구? 항거를 잃은 자식, 창녀 같은 자식.

3.

상병은 밤이 이슥해서 돌아왔다. 막걸리 반쯤 찬 작은 바케츠(반 말쯤 될 것이다.), 그리고 오징어 몇 마리 -. 1병이 반갑게 바케츠를 받아 난로에 얹는다.

"헤헤, 술이구먼유. 아, 이 눈 속에 어딜 가 구했어유, 그래?"

헤헤거리며 양은식기를 찾아다 놓는다, 서둘러 난로에 오징어를 굽는다, 1병이 신이 났다.

"저녁들 먹었니?"

"예, 그런데 저 최 2병이 통 식사를 못 하느먼유."

최욱, 저쪽 야전침대에 혼자 돌아누워 있다. 상병이 물끄러미 바라본다. 그러다 아차 한다. 오 병장의 침대가 눈에 띈 것이다. 아니, 내가 어쩌다 술을 사 왔지, 응? 최욱, 어서 일어나라, 어서.

"일어나라, 최욱."

상병이 최욱의 한 손을 잡는다. 최욱은 어째 콧날이 시큰하다. 이 개조되어야 할 자식의 간지러운 손길에 이게 뭐니? 감상은 금물이라고 하지 않았니? 그래, 일어나 주마. 그러나 내가 일어난다는 것이 너의 만행을 용서하는 것으로 착각하지 말라. 최욱이 겨우 일어난다. 성민이 오그라진 오징어 조각을 씹고 있다. 최욱은 또 그게 보기 싫었다. 1병이 양은식기로 막걸리 한 식기씩을 떠놓았다.

"환영한다. 낮에 다소 감정 상하게 한 일, 미안하다. 자, 들자."

상병이 먼저 식기를 들었다. 성민과 1병도 따라 들었다. 세 사람의 시선이 최욱에게 모였다. 들어, 인마, 편하게 지내, 알았니? 헤헤, 이거 영감 죽고 첨이여, 어서 들란 말이여. 들어 다오, 최욱, 사과하고 있다, 이렇게, 하지만 결국 넌 알게 될 거다, 내가 네 편이라는 걸.

"들어, 미스터 최."

성민이 입을 떼었다. 그러나 최욱은 상병에게 시선을 옮김으로써 그를 무시했다.

"이 술에 담긴 저의를 나는 모릅니다."

최욱의 말소리는 싸늘했다.

"저의? 그런 거 없다. 너희 둘을 맞는 내 성의가 있을 뿐이다. 성의는 우정을 의미할지언정 의도를 의미하진 않는다. 자, 들자."

이미 분위기는 틀렸다.

"나는 김 상병님과 우정을 나누어야 할 어떤 이유도 없습니다. 우정은 자연히 이루어질 때에만 위선이 아닙니다. 나는 오늘 많은 코피를 흘렸습니다. 사유물을 강탈당했습니다. 이만 쉬겠습니다."

그리고 최욱은 의자에서 벌떡 일어나 침대로 갔다. 상병의 초점 없는 시선이 한동안 허공을 방황했다. 성민이 최욱을 물끄러미 바라보다가 피씩 웃었다. 제 신세 제가 볶는 자식, 맹추 같은 자식.

"아, 안 들어유?"

1병이 재촉한다. 알아들을 수도 없는 그런 소린 핵교에나 가서 하란 말이여.

"들자."

상병이 힘없이 식기를 들었다.

그때다. 내무반 문이 왈카닥 여닫겼다. 오 병장이다. 곤드레만드레다.

"허, 잘 어울렸구나, 이 새카만 놈의 새끼들."

병장, 빈 식기를 집어 든다. 비실거리며 술 바케츠로 다가간다. 상병, 병장의 한 팔을 낀다.

"오 병장님, 어디서 이렇게?"

"왜? 흥, 걱정도 팔자군. 잔말 말고 여기 술 따라."

"안 됩니다, 술은."

"안 돼?"

병장, 갑자기 상병을 밀치고 빈 식기를 바케츠에 집어넣는다. 그러는 병장의 손목을 꽉 잡는 상병.

"안 됩니다, 술은."

"이 새끼가?"

순간 식기를 내동댕이친 병장, 주먹으로 상병의 면상을 후려친다. 상병이 쓰러진다. 검붉은 코피－.

"알지, 이 새끼, 항명하면 죽인다."

병장, 이번엔 1병의 식기를 빼앗아 들고 바케츠로 다가간다. 상병이 급히 일어난다. 그리곤 난로 위의 바케츠를 발로 차 엎는다. 내무반 시멘트 바닥에 허연 막걸리가 질펀하다.

"오 병장님, 술 먹으면 안 됩니다. 몸 나으시면 제가 술을 사겠습니다."

몸 나으면? 최욱은 문득 상병이 페니실린 사던 약방이 떠올랐다.

"시끄러워, 이 새끼야."

병장이 미친 듯, 또 상병의 면상을 후려친다. 쓰러지는 상병, 검붉은 코피가 막걸리 질펀한 허연 바닥에 꽃무늬를 놓는다. 소름끼치는 꽃무늬. 내무반 한 구석에 야전삽 두어 자루가 놓여 있다. 병장, 비실거리며 한 자루를 들며 소리친다.

"군대는 계급이다."

다음 순간, 미처 일어나지 못한 상병의 엉덩이를 사정없이 내리친다. 그때마다 퍽 퍽 둔탁한 음향이 튕긴다. 1병, 와들와들 떤다. 성민은 숨을 죽이고−.

"윽, 으윽!"

마침내 상병이 축 늘어졌다. 순간 최욱은 전신에 흐르던 피가 콱 멈췄다. 그 다음은 최욱 자신도 모른다. 언제 병장의 야전삽을 빼앗아 그의 어디를 후려쳤는지, 겨우 정신을 차렸을 때 최욱은 자신이 군화바닥으로 그 쓰러진 병장의 얼굴을 짓이기고 있다는 것을 알았다. 1병이 겁에 질린 얼굴로 다가와 말렸다. 그리곤 성민과 함께 시체처럼 늘어진 병장과 상병을 끌어다 침대에 눕혔다.

어느 산기슭이다. 눈 속에 웬 새싹이지? 이름을 모르겠다. 이상한 향기가 인다. 아버지의 서재에 매화 한 분이 있었다. 그 암향이 저랬다. 최욱이 조심스레 코를 가져다 댄다. 허나 새싹은 이미 거기 없다. 어딜 갔니? 아, 저기 있다. 그리로 간다. 새싹은 또 멀어졌다. 뛰기 시작한다.

"가지 마, 거기 있어!"

아무리 뛰어도 새싹은 손닿지 않는 데 가 있다. 다가갔다 싶으면 또 멀어진다. 애가 탄다. 손을 휘젓는다.

누군가 흔드는 바람에 최욱이 눈을 떴다. 상병이다. 새벽이었다.

"웬 잠꼬대를 그렇게 하니?"

최욱은 상병의 한 손에 들려 있는 주사기를 봤다. 병장의 가늘게 흐느끼는 소리가 가슴을 아프게 와 때렸다. 휘딱 돌아누웠다. 위선이니 진실이니? 병장의 흐느끼는 소리는 그치질 않았다. 최욱은 귀를 막았다. 무언가 와르르 무너지고 있었다. 와르르, 그러나 그게 뭔지는 알 수가 없었다. 이러면 안 돼. 위선이야, 저건. 한 어리석은 성병환자가 저 표리부동한, 아니 간악한 위선자의 주사기 쇼에 넘어가고 있는 거야. 최욱은 담요를 뒤집어썼다.

4.

사무실, 아직 중사는 출근하지 않았다.

콧등이 퍼렇게 멍든 상병, 부지런히 기안지 위에 펜을 놀린다. 똑같이 콧등 퍼런 병장이 조용히 다가온다.

"처벌 상신, 관둬. 내가 잘못한 거야."

"상급자 구타는 있을 수 없습니다."

상병은 기안지에 사인을 해서 중사의 결재함에 집어던지곤 천천히 밖으로 나간다. 중사가 들어오고 있다. 경례를 붙인다. 중사는 경례를 받으며 싱긋 웃어 주었다.

하늘은 아직 어둑하지만 눈은 그쳤다. 상병은 중사를 생각했다. 정 많은 사람, 악의 없는 사람이다. 1병이 성민과 최욱을 데리고 사무실 앞 하수구의 눈을 쳐내고 있었다.

"최욱."

상병이 다가가 조용히 불렀다. 둘은 연병장, 그 눈밭으로 가 마주 섰다.

"양해를 구할 게 있다."

"아까 처벌규정 보는 것 봤습니다."

"실은 오 병장님이 말렸지만…."

"그럴 필요 없습니다. 다만 이 처벌이 공정하기를, 누구의 감정도 개입되지 않기를 바랄 뿐입니다."

"오해하고 있군. 난 네 편이다. 그러나 질서를 파괴한 건 용서할 수 없다."

"오 병장이 질서를 파괴한 건 용서할 수 있는 겁니까?"

"노, 그도 마땅히 처벌되어야 한다. 그러나 그는 처벌되기 전에 먼저 감화를 받아야 할 사람이다. 네가 만일 오 병장 같은 사람이라면 난 너를 처벌하지 않을 것이다."

그리곤 돌아섰다. 좀 걷고 싶었던 걸까? 최욱은 잠시 멍청해졌다. 알 수 없는 놈이다, 넌. 상병의 뒷모습을 보며 무엇인가 각박했던 것 같아 좀 미안했다. 항거? 감화? 모르겠구나, 정말. 최욱은 천천히 사무실 앞으로 돌아왔다. 검은 구름 사이로 푸른 하늘이 드러나고 있었다. 눈 퍼붓던 그동안에도 구름 위에서 하늘은 저리도 푸르렀던가?

"그만 들어들 가지."

1병이 말했다. 최욱이 문득 생각난 듯 고개를 돌려 1병에게 잔잔히 미소를 보냈다. 1병이 히죽이 웃어 주었다. 한없이 순진한 웃음이라고 최욱은 생각했다.

그들이 중대 사무실에 들어갔을 때 중사는 병장을 마구 후려치고 있었다.

"죽어라, 이놈의 새끼. 좆병 걸린 새끼가 신병과 싸워?"

병장이 나뒹굴었다.

"이리 와라."

중사가 무섭게 최욱을 노려봤다. 머리끝까지 분노한 중사, 최욱이 다가가기 무섭게 면상을 후려친다. 마구 정강이를 걷어찬다. 그때 들어온 상병, 황급히 중사의 허리를 와락 껴안는다. 껴안고 인사계석으로 끈다.

"놔라, 이거."

"이러시면 안 됩니다."

최욱은 쓰러지면서 상병을 봤다. 그 입 꼭 다문 눈길, 최욱은 그 뜨거운 눈길의 언어를 해독할 수 있었다. 나는 네 편이라는－.

중사는 숨을 헐떡이며 인사계석에 앉았다.

"한 번만 더 싸워라, 이 새끼들."

문득 생각난 듯 중사는 결재함에서 기안서류를 꺼내 상병 앞에 내던졌다.

"누가 이 따윌 기안하랬니?"

조금은 쓸쓸한 그 눈길—. 상병은 그 눈길을 피해 천천히 서류를 집어 들었다.

"넌 우리 중대의 대외적인 체면 같은 건 생각지 못하니? 이게 몇 번이니? 넌 연대에서 백차가 달려오고 중대원이 끌려가고 중대장과 인사계가 시말서 쓰는 것, 또 보고 싶니? 난 얘가 내 부하가 된 이상 백차 태워 영창에 보낼 순 없다."

그리고 중사는 멍하니 허공을 헤맸다. 상병은, 허공을 헤매는 중사의 그 조금은 쓸쓸한 시선을 말없이 따라갔다. 압니다, 인사계님. 당신은 벌써 두 번이나 진급에서 누락되었습니다. 그것이 당신의 부하인 우리들의 과오 때문이었습니다. 머잖아 또 진급 심사가 있습니다. 그러나—.

중사는 천천히 일어나 밖으로 나갔다. 상병도 따라 나갔다. 중사는 구름 틈으로 터진 푸른 하늘을 쳐다보았다. 티없이 푸른 하늘, 그 위에 상병의 모습이 겹쳐왔다. 난 네 그 어려운 말을 모르겠다. 그러나 넌 언제고 옳았다, 너는 사심없는 놈이다. 이번에도 옳을 것이다. 하지만 난 상사가 되어야 한다. 내 단칸 셋방을 들여다봐라. 높아지고 싶어서 이러는 줄 아니?

"안 돼!"

중사는 혼잣말로 한 마디 내뱉고 어디론지 걸어갔다. 상병은 우두커니 서서 그의 뒷모습을 시선으로 따라갔다. 어깨가

축 늘어져 있었다. 짠했다.

"김 상병."

누가 불렀다. 연대 연락병이었다.

"웬일이니?"

"자식, 너 학보병이었더구나."

"건 왜? 명령 났니?"

"잔말 말고 한턱 내."

둘은 함께 중대 사무실로 들어갔다. 연락병이 제 서류가방에서 종이 한 장을 꺼내 상병의 코앞에 내밀었다. 말없이 속으로 기다려온 귀휴명령－.

"왜 학보병이 일반군번을 받았니?"

"내 부주의, 난 입대 후에 학보 신청을 했어."

순간, 아버지의 거친 분노, 어머니의 슬픈 눈, 리포트 좋았다고 칭찬하던 교수님 목소리, 함께 캠퍼스를 걷던 그 아이, 그 심상들이 어지럽게 명멸했다. 그리고 그 끝, 어깨 축 늘어진 중사가 어디론지 걸어가고 있었다.

5.

이튿날 아침이다.

인사계 책상 위에 상병의 귀휴명령이 얌전히 놓여 있다. 출근하는 중사, 어두운 얼굴이다. 자리에 앉는다. 명령을 본다.

"뭐?"

어이없는 표정이다. 상병을 바라본다. 상병이 다가간다.

"죄송합니다, 인사계님."

중사의 들릴 듯 말 듯한 소리—.

"그랬니, 학보였어?"

1병, 성민, 최욱의 시선이 중사에게 집중된다. 중사, 말없이 나가고 상병, 우두커니 서 있다가 제 자리에 와 앉는다. 왜 이렇게 마음이 어수선할까?

저녁이다. 성민과 최욱이 밥을 타 왔다. 넷이 들러 앉았다. 별 말들 없이 식사가 끝났다. 1병은 이제 좀 편해졌다. 바케츠도 식기도 스푼도 다 성민과 최욱이 들고 나가 씻어다 놓는다.

그날 밤 중사는 다시 중대로 돌아왔다. 좀 취기 어린 얼굴이다. 마을에서 한잔 한 모양이다. 누가 리어카를 끌고 따라왔다. 마을 사람이다. 막걸리 한 항아리, 오징어 한 다발, 아직도 따끈한 빈대떡 몇 장, 삶은 닭 두 마리, 또 뭔가 더 있었다. 1병이 식기랑 스푼, 포크를 꺼내다 늘어놓는다. 내무반에 술판이 벌어진다. 분명히 상병을 송별하는 자리인데, 송별사도 답사도 없다.

자식, 네가 가니? 어느덧 중사가 취했다. 1병도 성민도 취했다. 상병도 최욱도 알딸딸했다. 병장은 고개를 떨어뜨린

채 오징어만 찢어 씹었다. 막걸리 한 항아리가 바닥이 났다.

밤이 이슥했다. 중사가 일어섰다. 다 함께 일어섰다. 중사는 사무실로 나와 상병의 책상을 쿵쿵 주먹으로 두어 번 쥐어박고는 천천히 사무실을 나갔다. 아무도 말이 없었다. 상병은 서랍에서 기안서류를 꺼내들고 중사를 뒤따라 나갔다. 중사의 어깨는 여전히 늘어져 있었다. 상병은 우두커니 서서 어둠 속으로 사라지는 중사의 그 어깨를 보고 있었다.

"김 상병님."

최욱이었다.

"들고 계신 것, 혹 저의 처벌 상신을 기안하신 것 아닙니까?"

상병이 고개를 끄덕이며 말했다.

"인사계님 사인을 받으려 했는데―."

"왜 받지 않으셨습니까?"

상병이 힘없이 혼잣말처럼 말했다.

"저 늘어진 어깨 봤니? 한 선량한 인간, 우리 인사계님을 더는 괴롭힐 수가 없어서다."

"무슨 뜻입니까?"

"몰라도 돼. 그러나 최욱, 이 처벌상신은 계속 유효한 거다. 이런 나를 오만하다고 하지 마라. 실은 내가 나를 다그치는 소리야."

둘은 나란히 눈 위를 걸었다.

최욱이 담배를 꺼내 상병에게 권했다. 성냥도 딱 그었다.

"아리랑 아니니?"
"제 몫으로 주신 겁니다."
"고맙다."
두 가닥 파르스름한 연기가 밤하늘로 흩어졌다. 최욱은 하늘을 우러렀다. 뿌려라도 놓은 듯 푸른 별들이 신비롭게 빛나고 있었다.

패자 부활전(敗者復活戰)

필자주 : 이 글은 196~70년대를 배경으로 한다. 따라서 화폐가치도 사건의 주된 무대(인천)도 지금하고는 사뭇 다르다. 동인천역은 인천 동부에 있는 역, 당시는 기차역이었다. 지금은 전철 1호선역이다. 동인천역에서 언덕길을 한 10분 걸어 오르면 거기 자유공원이 있다. 맥아더 동상이 서 있는 바로 그 공원이다. (2012. 3.)

동인천역의 오후는 늘 북적거린다. 아침에 서울 갔던 사람들이 쏟아져 내린다, 공부 끝난 통학생들이 몰려든다, 꼬마들이 내일 아침 신문을 외친다, 큰애들은 구두 딱세를 외치고, 정신을 차릴 수가 없다. 대합실은 온통 한증막 같은데-.

드디어 서울행 개찰이다. 통학생들이 개찰구로 몰려든다. 틈이 없다. 나는 엄두가 안 났다. 다음 차를 기다리기로 했다. 차가 떠났어도 대합실은 만원이다. 쉬지 않고 모여드니까. 나는 책가방을 들고 대합실을 나왔다. 역전 광장의 아스팔트가 엿가락처럼 녹는다. 아이스케이크 통 멘 녀석이 쫓아와선 흘끔 보고는 그냥 달아난다. 내 몰골이 5원짜리 한 장 지닌 성싶지 않은 모양이다.

나는 역전 광장에 마련된 휴식텐트 안으로 들어갔다. 대합실과 달리 한산하다. 침을 흘리며 고개를 떨어뜨리던 생선장수 아주머니, 깜짝 놀라 파리를 쫓고는 다시 고개를 까딱인다. 차라리 저 아주머니가 내 어머니였으면—.

나는 의자에 앉아 수첩을 꺼냈다. 깨알 같은 글자가 소복하다. "神은 죽었다."—니체, "나는 생각한다. 고로 존재한다."—데카르트, "守株待兎."—韓非子, "술은 입으로 오고 사랑은 눈으로 오나니."—예이츠, "어린이는 어른의 아버지."—워드워즈, "朝聞道夕死可矣."—孔子, 이것들은 모두 100원 주고 산 ≪학생일기≫의 맨 아랫줄에 인쇄된 것을 내가 수첩에다 옮긴 것이다.

오늘도 나는 이 일기장 덕을 톡톡히 보았다. 점심시간이었다. 교실에 둘러앉은 몇 아이들 사이에 지난달 월말고사 이야기가 나왔다. 나는 어쩌다 그 자리에 앉았을 뿐 그런 이야기엔 통 흥미가 없다.

"어떻게 된 거니, 넌?"

30등 했다는(우리 2학년은 모두 300명이다.) 녀석이 내게 한 말이다. 녀석은 나와 친하다면 친한 사이다. 그러니까 걱정스러워서 한 말일 게다.

지난 1학년 말, 나는 300명 중 5등, 녀석은 겨우 낙제를 면했었다. 녀석이 낙제를 면한 것은 전혀 내 덕이라고 해도 과언이 아니다. 그 이야긴 좀 뒤에 다시 하겠다. 그러나 2학년이 되면서(그때 나는 자유공원 아래 외가에 있다가 외가가 멀리 목포로 이사를 가는 바람에 부평 어머니에게로 갔었다.) 나는 차츰 떨어져 내렸다. 지난달 월말고사, 녀석은 30등인데 나는 286등이란다.

"너, 낙심 말고 우리 교회에 나와. 수고하고 무거운 짐 진 자들아, 다 내게로 오라, 이런 말씀 있지 않니?"

녀석은 자못 심각했다. 그것은 녀석다운(녀석은 순수하고 진지하고 정직했다.) 우정의 표현이었을 게다. 그러나 나는 아니꼬웠다. 친하다고 우리 집 사정을 이야기해 주었더니 나를 제법 수고하고 무거운 짐 진 자로 아는 모양이었다.

"너, 니체 읽었니?"

나는 녀석을 똑바로 보고 내뱉었다. 녀석은 영문을 몰라 당황하는 듯했다.

"일찍이 신은 죽었다고 갈파했어. 책 좀 읽어."

나는 벌떡 일어섰다. 녀석은 순간 무안한 기색이 역력했다. 통쾌했다. 녀석은 분명히 나에게 패배한 것이다.

나는 일기장 맨 아랫줄에 인쇄된 것들을 모조리 욀 생각이다. 흥, 전체에서 5등 한 내가 벌써 죽은 줄 아니? 천만에—.

"저, 미안하지만, 여기 뭐가 들어가야 하죠?"

누가 영어 참고서를 들이민다. Y女高 둘이다. 나는 30등 녀석을 생각하느라 그 애들이 내 양옆에 와 앉는 것도 몰랐던 모양이다. 3학년들이다. 내게 책을 들이민 것은 바른편 계집애. 이런 병신 같은 것들, 어쩌자고 3학년이 2학년에게 물어? 참, 난 학년 배질 안 달았지.

"나, 영어 몰라요."

"아이, 그러지 마세요. A高가 괜히, 호호호."

외편 계집애가 제 어깨로 내 어깨를 지긋이 민다. 흥, 계집애란 모두, 아니, 여성이라고 하자, 우리 어머닌 계집애가 아니니까. 맞아, 여성이란 모두 창녀性을 내포하고 있어. 창녀性의 내포, 이런 말은 일찍이 니체도 하지 못했다.

계집애들이 들이민 문제는 "The poet sympathized ( ) the spirit of nature."란 문장의 ( ) 안에 알맞은 전치사를 고르라는 것이다. 이런 기초도 모르는 것들이 내년엔 대학생이라고 재고 다닐 테지, 흥. 나는 천천히 with라고 말해 주었다. 그러자 바른편 계집애는

"댕큐, 역시 A高는 알아줘야 해, 호호호."

하며 계속 호호거리고, 왼쪽 것은 제 친구의 국민학교 동창의 동생이 A高 1학년이라는 대단한 사실까지 알려 주었다.

얼마나 지났을까, 누가 휴식텐트 안으로 들어오더니 내 등을 탁 쳤다. 따라오란다. 모표와 배지가 나하고 같다. Ⅲ자를 달았다. 그러니까 우리 학교 상급생이다. 나는 Y女高 앞에 좀 창피했다. 따라갔다. 공중변소 옆이다.

"너, A高 맞니?"

"네."

"학년 배진?"

"점심시간에 장난치다 떨어뜨렸습니다."

장난친다고 배지가 떨어지니? 달기 싫어서 안 단 것뿐이다.

"근데 A高가 고무신 신는 학교니, 어?"

할 말이 없었다. 아니, 할 말이 없는 게 아니고 A高 어쩌구 하는 그런 속물을 상대한다는 게 싫었다. 무슨 신을 신든 그게 어떻단 말인가? 난 그런 데 초연하다. 아무 신이나 신는다. 고무신이든 운동화든 군화든－. 신 같은 데 신경 쓸 만큼 난 한가하지 않다. 그러나 우선 피하자, 아무 말이나 하고 피하자.

"돈이 없어서 운동화를 못 샀습니다."

"그래?"

녀석이 주머니에서 무얼 꺼냈다.

"200원이다. A高는 순결과 명예를 위해 산다. 갚고 안 갚는 것은 네 자유다."

그리고는 제법 의젓이 나를 훑어보더니 내 주머니에다 콱 쑤셔 넣었다. 순간적이었다. 이게 무슨 짓입니까, 그러나 내 입에서 이 말이 나오기도 전에 녀석은 유유히 저만치 걸어가고 있었다. 순결과 명예, A高는 이 말이 마치 교훈처럼 되어 있다. 입만 벙긋하면 순결이요 명예다. 대체 신발이 순결과 명예와 무슨 상관이란 말인가? 그러니까 떼먹진 말라 이거군, 흥. 생판 모르는 놈에게 한 대 되게 얻어맞은 듯 참 기분 나쁜 뒷맛이었다.

나는 변소 옆에 한참 멍하니 서 있다가 대합실로 들어갔다. 내리는 사람들은 여전히 북적이는데 통학생들은 많이 줄었다. 개찰이 시작되었다. 빌어먹을, 웬 날씨가 이렇게 더워? 차 안은 비교적 한산했다. 나는 창변에 앉았다. 그때 아까 그 Y女高 두 계집애가 눈웃음을 치며 내 곁에 와 나란히 앉는다. 어깨로 밀던 게 내 옆이다.

차가 떴다. 차창으로 바람이 새어 들어왔다. 어디서 구성진 '낙화유수'가 피리소리와 함께 들려왔다. 장님 부자다. 나는 그 소리 나는 쪽으로 몸을 돌리다가 그만 내 팔꿈치로 곁에 앉은 Y女高의 젖가슴을 건드렸다. 어머, 계집애의 외마디소리에 놀라 나는 그게 딴딴한지 뭉클한지 어떤지 몰랐다. 그런데 고건 살짝 웃는다. 나는 그게 역겨워 고개를 돌렸다.

장님 부자가 우리 곁으로 다가왔다. 장님의 피리소리에 맞추어 어린 아들의 '진주라 천릿길'이 또 '낙화유수'처럼 구성지다. 아이가 노래를 그친다. 내 앞 카메라를 목에 건 신사에게 껌 한 통을 내민다. 신사는 동전 한 개를 쥐어주며 껌은 필요 없다고 했다.

"얘, 이거 받아라, 자."

나는 주머니에서 200원을 꺼내 아이의 손에 쥐어주었다. Ⅲ자 녀석의 면상에다 후려친 것처럼 통쾌했다. 순간, 앞에 앉은 신사의 카메라가 찰칵했다.

"A高군. 몇 학년인가요?"

"2학년입니다."

"A高 2학년 이성구 학생, 음."

그는 내 명찰 한 번 더 보곤 눈을 감았다.

젖가슴, 살짝 웃던 Y女高가 묻는다.

"어디 사세요?"

건 왜? with도 모르는 주제에, 흥.

"아무데나 닿는 곳이 내 집이에요."

눈 감았던 신사가 싱긋 웃는다.

"어마, 로맨틱해."

로맨틱? 그럼 우리 집에 와서 애희나 순자나 향심이처럼, 아니 우리 어머니처럼 한번 로맨틱하게 살아볼래?

부평 천지에 어둠이 깃들었다. 나는 터덕터덕 걸었다. 그동안 꽤 헤맨 모양이다. 결국 집이다. 푸른 네온들이 징그럽다.

"뭘 하구 인제 오니?"

어머니다. 파란 반바지가 터질 것 같다. 겨드랑이 드러난 티셔츠, 저래야 남자가 꼬이나? 내 어머니가 아니다. 내 어머닌 저렇지 않았다. 나는 아무 대답도 않고 내 방으로 들어갔다. 애희가 저녁상을 들여왔다. 시장해서 널름 해치웠지만 구역질이 날 것 같았다. 고약한 세균들이 우글거릴지도 몰라. 아냐, 끓인 건데 뭘.

술 취한 녀석들이 몇 놈 들어오는 모양이다.

“장모 있어? 허허허, 들어들 와, 인마. 여기 우리 처갓집이야.”

“여보, 나 왔어.”

포주와 창녀, 어머니는 1인 2역이었다. 나는 귀를 막고 벌렁 드러누웠다. 잠시 후엔 또 꼬부랑말들이 들어오는 모양이었다. 할로우, 오케이, 내 어머니의 영어가 참 유창하다.

옆방 문이 여닫겼다. 말이 옆방이지 판자로 막은 방이다. 보이지만 않을 뿐 한 방이나 다름없다. 킬킬 대는 소리, 음담, 다음엔 거친 신음 소리－.

나는 벌떡 일어나 서랍을 열었다. 일기장을 꺼냈다. 표지 안쪽에 1학년말 성적표가 들어있다. 1학년 2반 26번 이성구, 나는 통지표를 펼쳤다. 평균 94점, 석차 300분의 5(반 석차는 1), 그리고 담임의 빨간 도장이 꽉 찍혀 있다. 나는 국어 91, 영어 98, 수학 95, 사회 89,… 평균 94를 윈다. 그러면 반 아이들의 박수 소리가 요란하게 들려온다. 하지만 내 목소리와 반 아이들의 박수 소리보다 옆방의 신음 소리가 더

크다.

나는 벌떡 일어나 문을 박차고 나갔다. 목욕탕에서 애희가 나오고 있었다. 벌써 한 탕 한 모양이다.

"어디 가?"

계면쩍은 듯 애희가 물었다.

"아무데나-."

나는 시큰둥하게 한마디 뱉고는 집을 나왔다. 아무데나? 그러나 갈 곳이 없다. 갈 곳 없을 때 가는 곳, 부평역 대합실에 높이 걸린 시계가 9시 32분이다. 동인천으로 가자, 나는 기차를 탔다. 동인천역 대합실이 텅 비었다. 적막이 감돌았다.

얼마나 지났을까, 나는 자유공원 한구석에 앉아 있었다. 아니, 넋 없이 혼자 앉아 그 집, 외가가 살던 그 집을 내려다보고 있었다. 내 방이었던 남쪽 방에 불이 밝다. 푸르지 않은 백열등이다. 누가 공부를 하고 있을까?

나는 어머니와 둘이 서인천에서 살았다. 그때 어머닌 작은 구멍가게를 했다. 밥 굶지는 않았지만 넉넉하진 못했다. 그러다 A高에 입학하면서 어머니와 헤어졌다. 어머니가 서인천 우리 집을 팔고 부평으로 장사하러 떠난 것이다. 그래 나는 저 집, 외가로 왔었다. 나 밥 안 먹는다고 야단치시던 외할머니, 내 양말 빨아 볕에 널고 얌전히도 도시락 싸주시던 외숙모, 나는 대학에 다니는 외사촌 누나와 저 워드워즈의 〈무지개(My heart leaps up when I behold)〉를 함께 읊고 새 중학생이 된 외사촌 동생에겐, 주어가 3인칭 단수면 그 동사엔 s가 붙는다, 그러니까 "A dog bark."가 아니라 "A dog barks."다, 이런 걸 가르쳐 주었다.

아, 백열등 환한 저 방, 나는 저 방에서 서울大 수석을 꿈꾸며 공부를 파고들었다. 보고 싶은 어머니, 내 어머니를 저 방에서 손꼽아 기다렸다. 어머니는 두 주에 한 번 꼴로 다녀갔다. 나는 어머니를 보면 미칠 것같이 좋았다. 일찍이 아버지를 여의어서 그랬을까? 그런데 한 번, 일찍이 퇴근한 외삼촌이 그때 마침 들어서는 어머니의 정강이를 연탄집게로 후려 친 일이 있다.

"이 천하에 원수 같은 년, 그래 그게 장사냐?"

늘 선량하기만 한 우리 외삼촌, 나는 우리 외삼촌의 그처럼 분노한 모습을 본 일이 없다. 그러나 어머니는 물러서지 않았다. 아니, 오히려 더 큰 소리로 악을 쓰며 대들었다.

"누가, 누가 하고 싶어서 해요? 누가 오빠더러 그렇게 쉬갈 걸 데려다 달랬어요? 말해 봐요, 어서 말해 봐요. 왜 그런 걸 데려다 줬어?"

나는 그러는 어머니를 끌어안았다. 어머니는 내 목을 껴안고 흐느꼈다. 외할머니가 와들와들 떨고 서 있었다. 외삼촌은 말없이 휙 밖으로 나가고. 뜰에 햇볕이 엷어지고 있었다.

그 후로 어머니는 오지 않았다. 아니, 외가가 목포로 이사가기 전 어느 오후에 잠깐 들른 일이 있다. 그때 어머니는 외할머니의 무릎에 엎드려 한없이 흐느꼈다. 외할머니도 어머니의 등을 쓸며 함께 울었다. 나는, 외삼촌을 그렇게 노하게 한 그 장사라는 게 어떤 것인지 궁금했지만 누구에게도 물어 볼 수가 없었다. 불쾌한 상상이 앞서서였다.

우리 아버지는, 외삼촌과 같은 은행에 다니던, 외삼촌의 둘도 없는 친구였다. 그런데 내가 태어난 지 얼마 안 되어 돌아갔다. 간암이었다. 외삼촌에게 들은 말이다. 나는 외삼촌과 아버지가 함께 앉은 모습을 애써 그려보곤 했지만, 내 상상의 그림 속에 아버지의 얼굴은 떠오르지 않았다. 얼굴 없는 존재, 내 아버지-.

"얘, 성구야, 목포에도 좋은 학교 있어. 딴 생각 말고 함께 내려가자."

문득 외삼촌의 목소리가 들렸다.

"따라가, 할머니 따라가."

어머니의 매몰찬 목소리도 들려왔다. 왜 그렇게 매몰찼을까? 나는 그때 어머니랑 멀리 떨어지는 게 싫었다. 안 가겠다고 발버둥을 쳤다. 후회스럽다.

외삼촌은 소주를 즐겼다. 저녁 먹고 난 뒤 부엌 식탁, 내게도 한 잔씩 따라주었다. 나는 사양하다가 받곤 했다.

"자식, 사양하긴. 술 먹고 곱게 사기면 선약이다. 자, 네 아비 대신-."

내가 돌아앉아 잔을 비우면 외삼촌은 기쁜 듯 슬픈 듯 또

한 마디 했다.

"허허허, 술 받아먹는 것도 꼭 제 아비 같아. 흥, 제까짓 년 팔자에 그런 놈이 있어? 턱도 없지."

나는 일어서서 천천히 공원을 내려왔다. 막차는 텅 비어 있었다. 밤도 꽤 깊었던가 보다. 그러나 우리 집은 밤이 깊을수록 가득 가득 차는 곳, 자 그만두자, 그만 생각하고 그만 자자.

아침에 좀 일찍 일어났다. 어젯밤에 들어왔던 몇 남자들이 나가고 있었다. 그리도 호기롭게 떠들던 사람들이 왜 저렇게 풀이 죽어 나갈까? 햇빛이 두려운 사람들.

학급조회 시간에 딱부리(우리 담임선생, 그는 두 눈이 왕방울만 하다.)가 신문 한 장을 들고 들어왔다.

"오늘 아침 신문이다. 너희들에게 읽어 줄 게 하나 있다. 에, 어려운 학비를 쪼개 쓰고 불우한 이웃을 도와 준 갸륵한 학생이 있다. 화제의 주인공은 A高校 2학년 이성구君, 君은 기차 칸을 헤매며 동정을 호소하는 가여운 맹인 부자에게 선뜻 200원을 희사, 세인의 자자한 칭송을 듣고 있다. 에, 이건 우리 학교의 자랑이요 우리 반의 영예다. 자!"

딱부리는 나를 일으켜 세우고 마치 복싱 심판처럼 내 바른 손을 불끈 치켜 올렸다. 순간 반 아이들의 박수가 터졌다. 교실이 떠나갈 듯했다.

허, 우스워라. 이봐요, 카메라 선생(당신이 기자였어?), 난 더러워서 내던진 돈이야. 세인의 자자한 칭송이라니 언제 당신이 조사해 봤어? 내가 학비를 쪼개 쓰는지 붙여 쓰는지 당신이 어떻게 알아?

조회가 끝나자 신문은 반장이 가져다가 교실 뒷면 게시판에 철거덕 붙였다. 30등 녀석이 달려와 내 손을 덥석 잡았다.

"역시 넌 인생의 우등생이야."

그러니까 성적은 열등생이라, 이 말이지, 흥.

그러나 이 얼마 만에 받아보는 박수인가? 작년 말 이후 처음이다. 어쩌면 나에겐 인생의 우등생性이 잠재해 있는지도 몰라. 성적이 무슨 문제니? 에디슨이 우등생이었니? 그래, 무엇인가 난 네까짓 놈들보단 낫다. 신문이 고맙구나. 신문은 신속, 정확, 공정을 모토로 하는 사회의 목탁이다. 제3자의 눈은 정확하다. 편견이 있을 수 없다. 그러고 보면 나의 이 역경이라는 것도 내 이 인생의 우등생性을 계발하기 위한 신의 시험일지 모른다. 아냐, 신은 죽었잖아? 그렇잖아—.

그날 나는 괜히 피곤했다. 신문 한 장 사 들고 좀 일찍 집엘 갔다. 지옥 같은 집이지만 그래도 내 피곤한 몸을 뉘일 곳은 거기밖에 없으니까. 나는 내 방에 들어가 사 가지고 간 그 신문을 몇 번이고 읽었다. 그리곤 내 사진과 기사, 그걸 가위로 오려 일기장 안쪽에 든 1학년말 성적표와 함께 끼워

놓았다.

"웬일로 벌써 왔어?"

애희가 수건으로 얼굴을 닦으며 내 방을 기웃했다.

"음, 내가 오늘 신문에 났더군."

"신문에?"

나는 오려 둔 신문 쪽지를 다시 꺼냈다. 애희가 내 방문 앞마루에 걸터앉아 그걸 한참 읽었다. 그리고는 힘없이 한마디 했다.

"좋은 일 했네."

이 멍청아, 겨우 좋은 일 했네야? 뭐라고 좀 거창한 찬사가 있어야 하잖아? 어, 거기다 한숨까지, 이거 왜 이래?

"나도 좀 동정해 줘."

"뭐?"

"아냐, 아무것도. 참, 군대 가면 꼭 3년 있어야 와?"

"글쎄, 2년 반이라는 것 같던데."

사실은 3년인데 그때 나는 2년 반으로 잘못 알았었다.

"그럼 벌써 왔는지 모르겠네."

애희는 훌쩍 일어나 가버렸다.

나는 수돗가에 가 낯 한번 푸푸 씻고 들어왔다. 사위가 다 조용하다. 낮이면 상여 집처럼 조용한 게 우리 집이다. 들어오다 문 열려진 옆방을 보았다. 순자가 자고 있었다. 빨건 삼각팬티 하나뿐 완전히 알몸이다. 나는 문을 닫아 주었다. 그러자 순자가 소리를 지르며 문을 도로 확 열었다.

"누구야, 더워 죽겠는데?"

잠든 게 아니었나? 순자는 두 손으로 제 젖가슴을 가리고 눈을 찡긋했다.

"들어와. 초콜릿 줄게."

"아니, 괜찮아."

그날 나는 여자의 알몸을 처음 보았다. 가벼운 흥분, 그러나 곧 이상한 혐오감 같은 것에 눌리고 말았다. 맞아, 강한 성적 충동을 느끼지 않은 것은 내가 속된 것에 초연하다는 증거일 수 있어. 30등 녀석이 이 경지를 알아? 너희들이라면 순자의 배 위에 넋 잃고 엎어졌을 게다. 괜히 통쾌했다.

나는 아무렇게나 누워 이른바 자기평가(딱부리가 시도 때도 없이 하라고 하는 것)라는 것을 해보았다. 첫째는 학교 성적, 300명 중 5등이면 충분히 최우수 두뇌다. 둘째, 나에겐 이웃의 어려움을 간과하지 않는 갸륵함이 있다. 이것은 이미 사회의 목탁이 증언한 바다. 셋째, 나는 속된 것에 초연하다. 순자의 알몸을 아무렇지도 않게 보아 넘겼다. 창녀라서? 천만에, Y女高의 살짝 웃는 그 유혹을 단번에 무시하지 않았는가?

나는 서서히 일어나 책상 위에 펼쳐 둔 통지표와 신문 조각을 다시 훑어보았다. 그것들은 역경 속에 꽃핀 초인의 증거였다. 하지만 한 가지가 마음에 걸렸다. 초인이, 슈퍼맨이 애희 따위 창녀에게 자랑을 하다니. 맞아, 그건 실수였어. 그러나 지혜로운 사람에게도 실수는 있어. 智者千慮에 必有一失이란 말도 있지 않니?

나는 다시 누워 라디오를 틀었다. K高 대 P高의 야구 경기다. 아나운서가 막상막하를 외치면서 흥분하고 있다. 3대3이다. 9회 말 P高의 마지막 공격—.

"말씀드리는 찰라, P高의 5번 타자 배타박스에 들어섰습니다. 청취자 여러분도 아시다시피 P高는 패자 부활전에서 올라온 팀, 자, 우승기는 어디로? 쳤습니다. 쭉 쭉 뻗어 갑니다. 아, 호옴런, 호오옴런입니다."

나는 다이얼을 돌렸다. 물가 시세다. 하룻밤 사람 시세는 없다. 나는 다시 다이얼을 돌렸다. 여전히 흥분한 아나운서—.

"P高는 패자 부활전에서 부활, 당당히 우승기를 차지하게 되었습니다."

나는 스위치를 껐다.

문득 30등 녀석이 떠올랐다

"이 녀석아, 58점이 뭐니? 당장 쫓아내고 싶지만 우리 학교엔 정직한(그러니까 커닝 같은 것 안 한) 낙제생에게 한 번 더 부활의 기회를 준다. 열심히 공부해서 재시험 쳐."

1학년말이었다. 코사인(1학년 때 담임, 그는 수학을 가르쳤다.) 앞에 녀석은 눈물을 짜고 서 있었다. 나는 코사인의 명에 의하여 녀석을 우리 집(외가의 내 방)에 데려다가 꼬박 한 주일을 재시험 준비를 시켰다. 덕분에 녀석은 진급할 수 있었다. 그때 코사인은 녀석을 위해 박수를 치자고 했다. 우리 학교 선생님들은 모두 유치원 출신인지 하나같이 박수치기를 좋아한다.

"얼마든지 커닝할 수가 있는데도 그런 유혹에 빠지지 않고 오히려 당당하게 낙제 점수를 받은 것은 바로 명예와 순결을 의미한다. 이제 재시험에서 정정당당하게 부활한 것은 또 얼마나 자랑스러운 일인가?"

코사인이 만면에 웃음을 띠고 녀석을 일으켜 세웠다. 박수가 터졌다. 하지만 나는 치는 시늉만 했다. 낙제한 놈은 낙제한 놈이다. 부활은 무슨 개떡 같은 부활, 흥.

"공부 안 하고 웬 낮잠이니?"

어머니가 방으로 들어왔다.

"통 성적표를 안 가져오니 어찌 된 거니?"

"성적이 인생의 전분 줄 알아, 엄만?"

"뭐라구? 그럼 뭐가 전부니?"

"엄만 돈이 전부고 난 인생이 전부야. 논리적으로 봐도 인생의 전부는 인생 아냐?"

"내가 담임선생한테 한번 가봐야겠다."

어머닌 또 내가 왜 돈 벌려고 이 짓을 하는 줄 아니, 너를 위해서야, 수백 번도 더 들은 하소연을 길게 늘어놓았다. 가다가 적당한 대목에선 눈물도 흘리면서. 그러나 이제 나는 만성이다. 문득 신문 기사를 보여 줄까 하다가 그만두었다.

내일부터 여름방학이다. 청소를 하고 종례를 했다. 딱부리가 하나하나 이름을 부르며 성적표를 나누어 주었다. 1학기 평균 61, 석차 300명 중 272. 흥. 인생이란 이 커다란 테제 앞에 이까짓 몇 점 몇 등이 어떻다는 거니? 나는 성적표를 구겨서 뒷주머니에 쑤셔 넣었다. 딱부리는 성적표를 다 나누어 준 다음 아이들을 죽 훑어보았다. 근엄한 한마디가 없을 수 없다.

"우리 A高 학생들은 순결과 명예 그 자체다. 여름방학 동안 못된 유혹에 빠지거나 명예를 더럽히는 일이 없기를 바란다."

나는 우스웠다. 순결과 명예 그 자체? 그럼 이 녀석들을 애희나 순자의 방에 끌어넣어 볼까요? 아니, 선생님은 괜찮으시겠습니까? 시험되지 않은 것, 증명되지 않은 것을 믿는 것은 미신입니다. 하지만 나의 순결과 명예는 충분히 증명되었습니다. 나는 여인의 알몸에 흔들림이 없었습니다. 불우한 이웃을 위해 200원을 쾌척했습니다. 증명된 것만이 진리라는 말은 바로 선생님이 하신 말씀입니다.

이튿날 좀 느직이 일어났다. 어머니 방에서 들리는 소리—.

"간다구? 못 가. 내 돈 2만 원 다 갚기 전엔 어림없다."

나가 보았다. 애희가 눈물을 훔치며 어머니 방에서 나오고 있었다. 애희는 나하고 눈 마주치기가 싫었던지 고개를 돌리고 제 방으로 들어갔다. 2만 원? 무슨 빚이 2만 원이나 될까? 화장품 값, 옷 값, 혹 고향에 몇 푼씩 송금이라도 했나?

나중에 안 일이지만, 애희는 시골에서 시부모와 농사를 지었다, 남편이 군대엘 갔다, 그동안 비료 값이나 벌까 해서 인천엘 왔다, 그러다가 누군가의 돈 많이 번다는 꾐에 빠져 어머니한테 온 것이었다. 이젠 집엘 가야 했다. 남편이 제대하고 돌아왔을 것이다. 애희의 흐느끼는 소리가 문틈으로 새어나왔다.

그날 저녁이었다. 미군 작업복을 입은 40대가 하나 들어왔다. 첫 손님이다.

"마담 있나?"

"어마, 어서 오세요."

어머니는 기겁을 하고 뛰어나가 그를 안았다. 내가 보고 있는 것, 그런 건 안중에도 없는 듯―. 나는 어머니의 방문이 닫기는 걸 보고 집을 나왔다. 대문 밖 하수구에 두어 번 토하고는 부평 시내를 정처 없이 걸었다. 갈 곳이 없었다.

"석양에 호올로 서서 갈 곳 몰라 하노라, 이게 누구의 시조였지? 잔 잡아 권할 이 없을새 그를 설워하노라, 이건 임제(林悌)가 황진이(黃眞伊) 무덤 앞에서 부른 건데―."

잔 잡아? 맞아, 나는 구멍가게에 들어가 소주 두 병을 샀다. 전신주에 가로등이 희미했다. 그 아래 낡은 벤치에 가 앉아 소주 한 병을 땄다. 무척 썼다. 그래도 눈 딱 감고 냉수 들이키듯 들이켰다. 반 병 좀 넘게. 너무 썼다. 이 쓴 걸 왜 두 병씩이나 샀니? 나는 먹다 남은 반병을 시궁창에 내던졌다. 목이 따가웠다. 가슴이 방망이질을 했다. 나머지 한 병도 내던지려다가 어째 아까운 생각이 들어 그냥 들고 걸었다. 좀 어지러웠다. 순결, 명예? 딱부리의 얼굴이 휙 지나갔다. 흥, 술 좀 먹었다고 순결이 어떻게 되니? 옛날 외삼촌이 따라주던 술, 난 잘 받아먹었거든. 순결? 허, 좀 취하네.

통금 첫 사이렌이 울렸다. 가자, 어딘 어디야, 집이지, 흥. 길이 자꾸만 붕 떠오른다. 허, 요거 봐라. 어머니 방에 불이 꺼져 있다. 1인 2역, 작업복 40대가 어른거렸다. 애희의 방도 순자의 방도 향심이의 방도 다 불이 꺼져 있다. 바야흐로 우리 집은 짙은 어둠 속, 거친 신음 소리－.

나는 내 방에 들어가서 누웠다. 천장이 사정없이 돈다. 아무도 없는 내 방, 외할머니, 외삼촌, 외숙모, 외사촌 누나, 외사촌 동생, 그러나 내 곁엔 아무도 없다. 그리곤 얼굴 없는 내 아버지, 나는 혼자다. 혼자라는 게 너무 서글펐다. 다시 일어나 소주병을 땄다. 꿀컥꿀컥 거침없이 들이켰다. 그리고 불을 껐다. 그만 자자. 다 잊고 그만 자자.

얼마나 지났을까, 눈이 번뜩 뜨이었다. 희미한 불빛, 방바닥에 토해 놓은 것을 누가 치우고 있었다.

“웬 술을 그렇게 먹었어?”

애희였다. 내가 토하는 소리를 듣고 뛰어왔단다. 인사불성, 천장은 여전히 빙빙 돌고. 애희가 걸레질을 마무리하면서 한숨 쉬듯 말했다.

"나 어쩜 좋아? 그이가 제대하고 와 기다릴 텐데, 보리타작도 해야 하고—. 아냐, 아냐, 그냥 해본 소리야."

애희가 힘없이 일어서서 불을 껐다.

"나가지 마."

"응?"

누구라도 내 옆에 있어야 했다. 나는 두 팔로 애희의 허벅지를 와락 껴안았다. 그리고 함께 쓰러졌다.

"이러면 못써."

나는 뿌리치는 애희를 범했다. 그건 강간이었다. 흐느끼는 애희, 애희는 강간을 한 내 가슴에 얼굴을 비비며 소리죽여 울었다. 이것저것 서러워서 그랬을 것이다. 나는 인사불성 취중에도 그런 애희가 가여웠다. 그래 꼭 안아 주었다. 갑자기 마당이 소란스러웠다. 또 몇 놈 들어오는 모양이다. 애희는 금방 울음을 그치고 일어나 황급히 나갔다.

새벽이었다. 골치가 아팠다. 어렴풋이 어젯밤 일이 떠올랐다. 딱부리의 얼굴이 휙 지나갔다. 아니, 내가? 이게 뭐야? 난 갑자기, 날이 새는 것이 두려워졌다. 해야, 솟지 마라, 솟지 마라, 솟지 마라, 박두진(朴斗鎭)—. 나는 미친 듯이 집을 튀어나갔다, 미군부대 뒷산을 정신없이 뛰어올랐다. 아니,

내가? 천지가 온통 노랬다. 나는 계곡으로 뛰었다. 쫄쫄거리는 물로 생식기를 씻었다. 지옥을 생각했다. 아, 나는 이제 어제의 내가 아니다. 순결, 딱부리–.

“아니다, 술 때문이다, 술 때문. 아, 난 죽어도 술은 먹지 않으리라. 아, 하느님, 저의 순결을 도로 주셔요. 하느님? 아, 니체–.”

나는 다시 왕모래를 한줌 쥐고 생식기를 닦았다. 내 생식기, 그 검은 음모가 혐오스러웠다.

해가 솟았다. 아침 산책객들이 띄엄띄엄 보였다. 나는 그들이 두려웠다. 자, 가자, 지옥 같은 내 공간, 애희가 아침상을 들고 들어왔다.

“달걀 프라이 먼저 먹어.”

애희는 빨개진 눈으로 나를 흘깃 보고는 사라졌다. 망할 년, 누가 와서 기다린다며 땅이 꺼지게 한숨을 쉬던 년이 내게 몸을 맡겨? 창녀 같은 년, 아니 넌 창녀지, 내 순결을 더럽힌 악마.

나는 밥을 먹을 수가 없었다. 깔깔대는 우리 반 녀석들의 웃음소리가 방 안 가득이 밀려들었다. 순결과 명예, 딱부리–. 나는 아무것도 아니었다. 일기책에 끼워 둔 성적표와 신문 조각을 꺼내 갈기갈기 찢어 버렸다. 나는 정말 아무것도 아니었다. 창녀의 몸뚱어리나 탐한 개새끼, 우리 어머니에게 가장 잘 어울리는 아들이었다. 정말이지 나는 아무것도 아니었다.

밖으로 뛰어나갔다. 작업복 40대가 나가고 있었다. 어머니가 그의 등을 쳐 주고 돌아섰다. 나와 마주섰다. 순간 눈물이 콱 솟았다. 왜 그랬는지는 지금도 모르겠다.

"엄마!"

나는 미친 듯이 어머니를 얼싸안았다.

"아니, 얘가?"

울음이 터져 나왔다. 어머니의 눈에도 이슬이 맺혔다. 나는 어머니를 확 떠밀고 밖으로 뛰어나갔다. 뒤에서 어머니가 불렀다. 나는 그냥 뛰었다. 어딘지 몰랐다. 산으로 들로 마구 헤매다가 염전까지 갔다. 수영하는 아이들의 건강한 몸뚱이, 구릿빛으로 빛나는 그 몸뚱어리에 나는 화가 치밀었다. 아침 한술 안 떴는데 배도 안 고팠다.

또 날이 어두워 온다. 비로소 좀 살 것 같다. 햇빛이 두려운 아이, 어둠의 아이–. 별이 떴다. 아냐, 한 번의 성관계가 나의 순결을 빼앗진 못해. 언젠간 난 결혼을 할 거다. 그러니까 난 조금 일찍이, 그것도 술 때문에 그런 것에 불과하다. 저녁에 먹을 밥을 점심에 먹었다고 그게 순결의 상실이니? 나는 집으로 돌아가고 있었다. 그래, 그건 시간문제에 불과한 거야. 그런데 왜 이렇게 화가 치밀까? 난 왜 이렇게 변명만을 늘어놓는 걸까? 왜 순결의 상실을 인정하지 못하는 걸까? 정말 화가 치밀어 견딜 수가 없었다. 쩨쩨한 자식–.

아냐, 순결이니 명예니 하는 것, 그런 건 다 인위적인 조작이다. 무엇을 기준으로 순결의 상실이니? 모든 건 변한다. 나의 세포조직도 변한다. 얼마 안 있어 내 생식기도 다 새 세포로 바뀐다. 그럼 애희에게 삽입했던 건 영원히 사라진다. 무엇이 순결의 상실이니? 더구나 술 때문인데. 순결, 명예, 그런 것 그만 생각하고 자자.

아침 두어 숟가락 뜨고 동인천엘 갔다. 자유공원엘 오르려는 것이다. 내 방이었던 그 방 창문에 햇살이 밝았다. 나는 우두커니 서 있었다. 이제 나하곤 아무 상관도 없는 곳, 그러나 잊을 수는 더욱 없는 곳.

"성구 아니니?"

누가 어깨를 탁 쳤다. 30등이었다. 환한 얼굴이다. 아침 산책을 나왔단다. 갑자기 거리감이 느껴졌다.

"근데, 너 어디 아프니?"

"아니."

내 얼굴이 해쓱했던가 보다. 녀석이 저희 집엘 가 놀다 가라고 했다. 나는 녀석에게 끌려 따라갔다. 녀석의 방은 깨끗이 정돈되어 있었다. 녀석은 창문을 활짝 열어 제치고는 상의(교복)를 벗어 벽에 걸었다. 소매 없는 러닝셔츠가 하얗다. 겨드랑이로 삐져나온 까만 털, 나는 녀석의 음모를 생각했다. 그지없이 깨끗할 녀석의 그 음모, 나는 녀석의 까만 겨드랑이 털을 만지려 했다.

"간지러워, 인마. 자, 앉아."

나는 멈칫하고 앉았다. 내 몸에서 어떤, 이름 붙일 수 없는 어떤 더러운 것들이 우수수 떨어질 것만 같았다. 마음이 움츠려졌다.

녀석은 서울大 철학과엘 가겠다, 그래서 제2외국어로 독일어를 공부한다, 행복하게 말했다. 나는 더 앉아 있을 수가 없었다. 녀석의 환한 얼굴, 맑은 눈, 순결한 겨드랑이 털과 녀석의 그 음모—. 그런데 나는 한 마리 까마귀였다. 나는 패자, 녀석 앞에 머리도 들 수 없는 패자, 그러면서도 패배를 인정치 못하는 쩨쩨한 자식.

나는 녀석을 뿌리치고 튀어나왔다. 산으로 들로 정신없이 걸어 부평, 해가 한낮이었다. 창자가 쓰렸다. 입에서 단내가 났다. 그러나 아무것도 먹고 싶지가 않았다.

늘 그렇듯이 낮의 우리 집은 적막강산이다. 방에 들어가 누웠다. 애희가 찐빵 몇 개를 들여놓고 갔다. 풀이 죽어 있었다. 나는 찐빵 접시를 바라보다가 억지로 한 개를 먹었다. 30등 녀석과 애희의 얼굴이 번갈아가며 찐빵 위에 어른거렸다. 암만해도 나는 애희 편인 것 같았다. 30등 녀석은 나의 손닿지 않는 곳에 있었다.

잠시 후 애희가 냉수 한 그릇을 떠들고 들어왔다. 아니, 방엘 들어오다니, 무슨 할 말이라도 있다는 건가? 애희를 범하던 그 장면이 휙 지나갔다.

"엄만 어디 갔어?"

"다들 극장에."

"왜 같이 안 갔어?"

애희는 고개를 가로 저으며 물끄러미 나를 바라보았다.

"나 괴로워 죽겠어. 어떻게 내가 성구 학생을?"

"그 말 하려구 왔어?"

"말이라도 해야—."

그리곤 흑 흐느꼈다. 순간 나는 와락 애희를 끌어안고 쓰러졌다.

"안 돼, 안 돼, 이러면 못써."

애희가 몸부림을 쳤다.

"누나, 나 패자 부활전에 나가야 해."

"뭐, 누나? 날 누나라고 했어, 시방?"

"패자 부활전에 나가려면 변명 없는 완전한 패배가 있어야 해."

"그게 무슨 소리야, 응?"

애희는 단념한 듯 나를 받아들였다. 그리곤 또 흐느꼈다. 나는 흐느끼는 애희를 내 팔에 누이고 꼭 안아 주었다. 비로소 마음의 평정, 세포변화論도 술책임論도 있을 수 없는 완전한 패배, 거기 고요한 평화가 있었다. 이제 나는 패자 부활전에 출전할 수 있다. 그러면 부활할 수도 있으리라. 애희도 어머니도 그런 부활을 해야 한다. 저 P高의 야구팀처럼, 30등 녀석처럼, 그렇게.

영등포역은 새벽에도 만원이었다. 나는 어머니 몰래 애희를 보냈다.

"잘 가, 잘 가서 잘 살아."

애희는 울면서 기차에 올랐고 나는 기차가 멀리 사라질 때까지 플랫폼에 서 있었다. 애희는 계속 울면서 갔을 것이다. 나는 기차가 사라지자 근처 식당으로 들어갔다. 그리고 책가방에서 편지지를 꺼내 편지 두 통을 썼다.

선생님

용서하십시오, 선생님. 저는 한 마리 검은 까마귀였습니다. 한 창녀에게 순결을 잃었습니다. 하얀 백로 자유로이 나는 A高의 교정에 다시 돌아갈 수가 없습니다. 선생님과 친구들, 그리고 저 자신을 속이며 제가 어떻게 살겠습니까?

그러나 선생님, 저는 부활할 것입니다. 패자 부활전에 나가 당당히 승리할 것입니다. 지금 저는 강원도의 한 오지를 향하고 있습니다. 열심히 공부하겠습니다. 검정고시를 치르겠습니다. 우선 대학에 들어가 제 인생을 설계하겠습니다.

안녕히 계십시오, 선생님.

1971년 8월 20일

순결도 명예도 못 지킨 아이, 이성구 올림

어머니

실망하지 마셔요, 어머니. 난 이 세상에서 누구보다 어머니를 사랑하는 어머니의 아들입니다. 그러나 어머니를 떠납니다. 부활하려고요. 어머니, 우리 함께 부활해요. 우리가 부활하지 못하면 선량하고 순결한 이웃과 함께 살 수가 없습니다. 애희는 내가 보냈습니다. 애희도 부활해야 하니까요.

나 때문에 걱정하지 마세요. 내년, 어쩌면 내후년, 난 대학 입학 등록금을 타러 어머니한테 가겠습니다. 그땐 어머니, 차라리 가난한 생선장수가 되어 계셔요.

늘 건강하시기를 빌며.

1971년 8월 20일

어머니의 아들, 성구 올림

비평(批評)

朴演求(박연구)論

- 차면서 정 많던 사람, 수필밖에 모르던 사람

2003년 3월 7일 새벽 4시 30분, 내 친구 朴演求 형이 이승을 떠났다. 지금쯤 그는 그의 雅號(아호) 그대로 매화꽃 환히 핀 동산(梅園)을 거닐고 있을 것이다. 거닐면서 혹 ≪에세이문학≫ 다음 호를 구상하고 있을지도 모른다. 그는 이승을 떠났지만 ≪에세이문학≫은 떠나지 못했을 것이다.

나는 그를 내 친구라고 했지만 내가 그에게 좋은 친구였다고는 할 수 없다. 더러는 언성을 높이기도 하고 더러는 속을 뒤집어 놓기도 했다. 그러나 집에 돌아오면 또 마음이 아프고 그가 그리웠다. 그도 나를 보내 놓고 마음이 아팠을 것이다. 내가 보고 싶기도 했을 것이다. 그러기를 어언 30년, 세월 따라 미운 정 고운 정, 정도 짙게 들었다.

나는 그날 그의 빈소를 나오면서 울었다. 참고 참으려고도 했지만, 그러나 말없이 서 계시는 그의 부인을 대할 때 솟구치는 눈물을 참을 수가 없었다. 글밖에 모르는 남편을 뒷바라지하며 어려운 살림 속에 다섯 남매를 낳아 기르신 분, 오랜 동안 병석의 홀시아버님을 그리도 극진히 모신 이 현숙한 부인을 두고 어찌 차마 떠났을까? 그러나 어쩌랴, 이미 生死의 길은 갈린 것을….

하도 오래된 일이어서 언제 어디서였는지는 확실하지 않다. 朴演求 형이 金泰吉(김태길) 선생께 여쭈었다.

"선생님은 늘 건강하십니다. 무슨 비결이라도 있으십니까?"

선생께서 말씀하셨다.

"무슨 비결이 있겠어요? 한 주일에 한두 번 테니스를 해요. 그러나 운동보다 더 중요한 것은 마음을 비우는 일이 아닌가 합니다. 朴 선생은 좀 우둔하게 살았으면 좋겠어."

좀 우둔하게 살아라, 물론 선생의 이 말씀은 일(수필에 관한)에 외곬인 그가 너무 안쓰러워 좀 여유를 가지고 살라는 뜻이지 결코 대충대충 넘기라는 뜻은 아니었다. 대충대충이 금물인 것은 선생께서 더하실 것이다. 朴演求 형도 그 자신 일에 너그럽지 못한 사람이라는 것을 잘 알고 있었다. 다음은 1985년 1월 9일에 쓴 그의 일기 한 토막.

오후 네 시에 일신병원. 그저께 찍은 胃(위) 사진, 별 이상이 없다는 것, 신경성이라는 것, 이 이야기를 아내도 들었다.

성질을 고쳐야겠다.

그러나 그는 우둔하게 살지 못했다. 성질도 못 고쳤다. 다른 것은 몰라도 ≪에세이문학≫에 관한 한 요지부동이었다. 아무리 유명한 사람의 글이라도 이 잡지의 수준에 맞지 않으면 결코 싣지 않았다. 이로 해서 비난도 적잖이 들었다고 한다. 그도 사람, 그럴 때 많이 괴로웠을 것이다. 그러나 글이 좋으면 어느 잡지 출신이든 개의치 않았다. ≪에세이문학≫이 한낱 동인지에 머무르지 않고 전국을 망라하는 잡지가 되어야 한다는 확고한 신념이 그에게 있었던 듯하다.

그가 투병 중에 있던 어느 날 밤, 李應百(이응백) 선생께서 우리 집에 전화를 하셨다. 문병하신 말씀, 그를 염려하시는 말씀, 그런 말씀 끝에

"朴演求를 힘껏 돕도록 해."

하셨다. 그가 타계하던 날, 선생은 밤늦도록 빈소에 앉아 계셨다. 발인하던 날은 아침 일찍 달려오셨다. 선생은 그를 사랑하셨다. 그도 선생을 극진히 모셨다. 선생께서 수필문학진흥회의 회장(『에세이문학』 발행인)으로 계시던 10여 년은 물론, 그 자리를 물러나신 뒤에도 여전히 극진했다. 그러나 선생께서 그를 사랑하신 것은 그런 것보다는 그의 흔들림 없는 신념을 귀하게 생각해서 그리하셨을 것이다.

金泰吉 선생의 말씀대로 좀 우둔하게(대충대충이 아니라 좀 여유를 가지고) 살았더라면, 자신이 마음먹은 바와 같이 성질 좀 고치고 살았더라면, 그토록 심신을 혹사하지 않아도 되었을 것을(그는 투병 중에도 사무실에 나와 교정을 보았다.), 이런 생각을 하면 마음이 아프다. 그러나 그가 그러지 않았다면 오늘의 ≪에세이문학≫이 있었을까, 이제는 이러면서 아픈 마음을 달랠 수밖에 없다. 이것이 나는 또 슬프다.

그는 글에 관한 한 매몰차리만큼 차가운 사람이었다. 그래서인지 朴演求라고 하면 그 사람 자체를 차갑게 보는 사람들도 있는 듯하다. 그러나 그는 정도 살가운 사람이었다.

우선 우리 이야기부터 해야겠다. 우리란 朴演求와 許世旭(허세욱), 그리고 鄭震權(정진권), 이 셋이다. 우리 셋은 다 개띠 동갑(甲戌, 1934)으로 지난 30년을 서로 맏형이라 우기며 살아왔다. 때로는 오순도순 때로는 티격태격, 그렇게 살아왔다. 그는 좀 적조하다 싶으면 이따금 나에게 전화로

"世旭이랑 한번 만나야 안 쓰겄어?"

했다. 정답던 그 목소리, 그 못 버리던 전라도 사투리가 지금도 귀에 들리는 듯하다. 그러나 근래에는 셋이 자주 만나지 못했다. 퍽 후회스럽다. 그는 술을 못 했지만, 우리가 한자리에 모이는 날엔 그 못 하는 술이나마 한잔 받았고, 더러는 맏형을 다투다가 폭소를 터뜨리기도 했다. 그 순간만은 그도

번잡한 세사를 다 잊은 듯, 그 즐거워하는 모습이 꼭 어린 아이처럼 천진해 보였다. 아, 이 천진함이 그로 하여금 곁눈질 않고 한 길만을 걷게 했던 것일까?

그는 재능 있는 후배 수필가들을 극진히 사랑했다. 자기가 가르친 사람이든 아니든, ≪에세이문학(수필공원)≫ 출신이든 아니든 그런 것은 개의치 않았다. 좋은 책이 나오면 자기 돈으로 그 책을 사 보내 그들의 공부를 돕고, 글쓰기에 좀 게으르다 싶으면 전화로 야단도 치고 달래기도 했다 한다. 이것은 당사자들에게 들은 이야기다. 지금도 그는 그렇게 하고 싶을 것이다. 한 여류가 나에게 말하기를

"제가 글 안 낸다고 朴 선생님이 또 전화를 하셨어요. 못 써서 못 낸 건데…. 너무 송구스럽고 고마웠어요."

했다. 그는 후배 수필가들이 나태에 젖지 않도록 해야겠다는, 그리고 그 창작 수준을 높여야겠다는 무슨 교사로서의 사명감 같은 것이 있었던 듯하다. 이것이 차갑기만 한 사람으로 가능한 일일까? 따뜻한 정 없이는 어려운 일이다.

비단 친구나 후배에게만이 아니었다. 그는 병상에 계신 은사 朴圭煥(박규환) 선생을 늘 염려했고, 투병 중이던 李章圭(이장규) 선생, 鄭鳳九(정봉구) 선생을 찾아가 마음 아파했다. 수없이 많은 선후배 친구들이 그의 병실을 찾은 일, 수없이 많은 선후배 친구들이 그의 장지에 가 함께 흐느낀 일, 이것이 한낱 우연이었을까? 일에는 차갑지만 사람에게는 자상하

고 따뜻한 사람이었다.

산에 그를 묻고 돌아오던 날 저녁, 나는 몹시 취하여 자리에 들었다. 그러나 잠이 오질 않았다. 이리 뒤척 저리 뒤척, 그때 문득 그의 수필 〈肖像畵(초상화)〉가 떠올랐다. 다음에 옮기는 것은 그 어머니와 관련된 한 부분이다.

> 나는 어느 잡지사에서 원고료를 받아 넣고 나오는 길에 광화문에 있는 아는 초상화집에 들러 어머니의 도민증 사진을 주고 초상화를 부탁했다. 내가 굳이 원고료를 가지고 초상화를 맡긴 데는 이유가 있다.
>
> 군에서 제대하고 나와 취직도 못 하고 밤늦도록 원고를 쓰고 있자니까 옆에 계시던 어머니가 그걸 써 내면 돈이 되어 나오느냐고 물으셨다. 나는 고개만 끄덕여서 그렇다고 대답해 드렸던 것인데, 어머니는 그 글이 발표되기 전에 쉰셋밖에 아니 되신 연세로 이승을 떠나셨다. 나는 그것이 뼈에 사무치는 한이 되었던 것이다. 아들들의 학비를 보태신다고 남의 문전을 기웃거리는 행상의 고달픈 하루하루를 보내시다가 그리 되신 것이다.

그 어머니는 유복녀로 자라시고 어린 나이에 가난한 아버지에게 시집을 오셔서 고생만 하다 가셨다고 한다(윗글). 그걸 써 내면 돈이 되어 나오느냐고 물으시던 어머니, 행상의 고달픈 하루하루를 보내시다가 쉰셋의 이른 나이로 가신 그 어머니, 그런 어머니를 생각할 때 그의 말 그대로 한이 뼈에 사무쳤을 것이다.

그가 아버지의 상고를 당했을 때의 일이다. 나는 그때 우리 집 아이의 혼사를 앞두고 있어서 문상을 가지 못했다. 해서 약간의 조의금과 함께 편지 한 장을 부쳤다. 내가 뭐라고 썼는지는 확실치 않지만 대강 다음과 같지 않았던가 한다.

> 너무 슬퍼하지 말게. 지금쯤 자네 선친께서는 먼저 가신 어머님과 서로 반갑게 마나고 계실 걸세. 이제는 슬픔을 거두고 자네 부인을 꽃방석에 앉혀 드리도록 하게.

내가 왜 그 부인을 꽃방석에 앉혀 드리라고 했는지는 다들 아실 줄 안다. 그 얼마 후 나는 아이의 혼사를 마치고 그를 만났다. 장소는 기억나지 않는다. 그때 그가 말했다.

> 하루는 누워 계신 아버지를 일으켜 앉히려고 내가 안았어. 헌데 무척 힘이 들었어. 그래 내가
> "아이구, 아버지 아들 죽겠어."
> 했어. 나는 아버지 한번 웃겨 드리려고 한 소린데 아버지는 눈물을 주르륵 흘리시는 거야. 내가 짐스러워하는 것으로 아셨나 봐. 아, 내가 왜 그런 쓸데없는 말을 해서 아버지를 우시게 했을까?

그리고 그는 더 말을 못 잇고 흐느꼈다. 그의 그 처연하던 말소리, 그 흐느끼던 모습은 오래도록 내 가슴을 울렸다.

그리운 朴演求 형, 이승에 머무르던 일흔 해 그 한 세상, 힘든 삶이었지만 형은 최선을 다했어. 심신을 혹사하면서까지 우리 수필문학의 발전을 위하여 심혈을 기울인 일, 지극한 정성으로 선배(스승)를 모시고 따뜻한 정으로 후배(제자)를 이끌던 일, 여기 남은 우리는 다 알아. 힘든 삶이었지만 형은 또 효자였어. 어머니에 대한 한 맺힌 그 그리움, 아버지를 여의고 흐느끼던 그 슬픔, 그것도 우리는 다 알아.

그리운 朴演求 형, 이제는 그리던 두 분 모시고 편히 쉬어. 아버지 손 잡고 동산도 거닐고 어머니 팔도 주물러 드리면서 이승에서 혹사한 그 심신을 편히 쉬어. 그러나 이렇게 쓰면서도 말없이 떠난 형이 나는 왜 이렇게 원망스러운가?

죽은 이는 무슨 일로 다시 못 오나.
텅 빈 가을 산에
단풍만 곱네.

내 마음은 물길처럼 끝이 없는데
그대는 어이 그리
편히 가는가.

逝者胡爲不復還, 秋來黃葉滿空山.

人情如水終無極, 之子遊魂獨去閑.

— 金雲楚, 〈悼如水觀主人〉

— ≪에세이문학≫ 2003, 여름호

許世旭(허세욱)論

– 임실 사람, 그 철저와 엄격과 열정에 관하여

許世旭을 처음 만난 것은 1969년 아니면 1970년, 나는 문교부 편수관으로, 그는 한국외대 교수로 어느 교육관계 회의에서였다. 처음 본 그는 그 토실토실한 얼굴하며 단정한 옷차림하며, 부잣집 막내처럼 고생 한번 안 한 귀공자 같았다. 그 후 우리는 글을 통해 서로 가까워졌는데 그때 합류한 사람이 수필 쓰는 朴演求(박연구)다. 셋은 동갑내기(1934, 甲戌), 만나면 즐거웠다.

1988년 나는 ≪隨筆公苑≫ 봄호에 〈許世旭의 人間과 文學〉이라는 제목으로 글 한 편을 쓴 일이 있다. 그때 그는 한국수필문학진흥회에서 수여하는 「현대수필문학상」을 받았는데, 누가 상을 받으면 그럴 만한 사람이 그의 인간과 문학을 논하는 것이 한 관례였다(지금도 대개 그렇다.). 쓸 사람

많은 이 글을 하필 내가 쓴 것은 당시 ≪隨筆公苑≫의 주간이었던 朴演求의 강권 때문이었다.

그런데 요 며칠 전, ≪계간문예≫에서 전화가 왔다. 許世旭의 특집을 꾸미려 하니 그 인물을 논해 보라는 것이다. 나는 사실 이런 글에 익숙지 못하다. 해서 사양하려 했는데 전화를 받는 동안 나도 모르게 그만 그러마고 했다. 許世旭이라면 한 번 더 이야기해 봐도 좋겠다 싶어서 그랬던 것일 게다. 저승의 朴演求가 들으면, 그렇게도 안 쓰겠다더니 이번엔 왜 이렇게 쉽게 쓰니, 할 것이다.

이제 돌이켜보니 내가 위에 말한 〈許世旭의 人間과 文學〉을 쓴 지 어언 20여 년이다. 그러나 그렇다고 해서 같은 사람이 얼마나 변했겠는가? 먼저 쓴 글과 중복되는 데가 많을 줄 안다. 읽으시는 분들의 양해를 바란다.

임실 사람 (1)

내가 그를 임실 사람(임실은 전라도 산골)이라고 부르는 것은 그가 그냥 임실 사람이라는 뜻이지 그게 무슨 촌놈이라거나 하는 그런 뜻은 아니다. 그러나 그가 나를 영동 사람(영동은 충청도 산골)이라고 부르는 것은 대놓고 촌놈이랄 수가 없어서(이제는 좀 점잖아져야 할 나이니까) 그러는 것일 게다.

자, 그건 그렇고. 그는 서울에 와 중국어를 공부하고, 대만에 가 중국문학으로 석·박사가 되고, 중국어로 글을 써서 그

쪽 문단에 등단하고, 버클리에서 연구하고, 북경에서 가르치고−, 요즈음 말로 말하면 참 현란하게도 글로벌한 사람이다. 그러나 그럼에도 불구하고 그는 결국 전라도 저 골짜기 임실 사람임을 면치 못한다.

젊어서였다. 그가 전화를 했다. 퇴근 후 술이나 한잔하자며 종로 5가 어디로 오라는 것이다. 그래 찾아갔더니 구질구질한 지하, 목포집인지 충주집인지 귀공자 교수와는 전혀 안 어울리는 비좁은 선술집이었다. 그러나 그는 맛있게 잔을 비웠다. 그리고 좀 얼큰해지자 이번에는 2차를 가자고 했다. 얼마 안 걸어 기독교 방송국 옆 좁은 골목에 포장마차가 있었다. 술은 소주, 안주는 닭똥집−.

드디어 함께 취한 우리는 서로 어깨를 부여안고 종로 큰길로 진출했다. 출렁이는 인파의 거리, 그가 문득 읊어 가로되

> 비틀거리며 걸어갈
> 논두렁길 하나 있었으면−.

했다. 종로에서 논두렁길을 찾는 사람, 그가 바로 許世旭이다. 그의 시집을 펼쳐본 사람은 아마 거기서 고향 하늘 구름 속의 까치집을 보고(〈눈을 감으면〉) 군인 가는 아들의 무사를 빌러 이십 리 암자를 오르는 어머니의 하얀 무명치마를 보았을 것이다(〈나의 지팡이〉). 그의 수필집을 읽노라면 지익 지익

작은할아버지의 지팡이 소리가 들린다(〈지팡이 소리〉). 서적굴 디딜방아 소리도 쿵 쿵 난다(〈서적굴 디딜방아〉). 許世旭은 이 글이 실린 그의 수필선집 ≪서적굴 디딜방아≫로 지난 3월 한국수필문학진흥회가 수여하는 「현대수필문학대상」을 받았다.

왜 선집의 제목을 ≪서적굴 디딜방아≫라고 했을까? 그는 임실 사람이다. 아무리 현란하게 글로벌해도 그 골짜기는 떠나지 못한다. 워낙 뿌리가 깊으니까—.

임실 사람 (2)

내가 여기 (2)를 붙여 한 번 더 그를 임실 사람이라고 부르는 것은 특별히 무슨 뜻이 있어서 그러는 것은 아니다. 이 글을 이으려니까 까닭 없이 임실 골짜기가 눈에 어려 그냥 임실 사람, 이렇게 한 번 더 불러 보는 것이다.

자, 화제 좀 바꾸자. 수필문우회라는 모임이 있다. 이름 그대로 수필가들의 모임이다. 그는 한 10년, 金泰吉(김태길) 선생을 회장으로 모시고 그 부회장을 했다. 그리고 2001년부터 회장 일을 본다. 이 모임이 하는 일은 크게 네 가지다. 한 달에 한 번씩 모여서 공부하는 일, 1년에 네 번 잡지(≪계간수필≫) 내는 일, 신인 발굴하는 일, 그리고 강좌(수필 아카데미) 여는 일이 그것이다. 그는 이 힘든 일에 온 정성을 다 쏟아왔고 지금도 여전히 쏟고 있다. 글 쓰랴 강의하랴 정신없이 바쁜 사람이지만 어느 한 가지도 소홀히 하질 않는다.

金泰吉 선생이 살아 계실 때의 일이다. 선생은 테니스를 좋아해서 수시로 그에게 전화를 하셨다. 그러면 정에 약한 그는 다른 약속 다 미루고 운동장(서울교대 테니스코트)을 향했다. 선생이 명예회장으로 물러나신 뒤에도 한결같았다. 비단 선생만이 아니다. 수필문우회에는 원로가 여러분이다. 李應百(이응백, 지난 3월 작고), 金時憲(김시헌), 宋奎浩(송규호) 선생 같은 분들이 모임에 오시면 스승을 대하는 예로, 朴在植(박재식), 金秉權(김병권) 선생 같은 분들이 오시면 집안 형님처럼 대한다. 정다운 모습이다. 그는, 좋은 술이 생기면 친구들을 부른다. 그가 따르는 술잔엔 늘 정이 찰찰 넘친다.

지난달(3월) 어느 날 신문을 보니 그가 그의 모교인 한국외대에 1억 원을 냈다는 기사가 나 있었다. 내가 전화로 참 훌륭한 일 했다고 했더니, 그가 말하기를, 내가 외대의 은혜를 입었으니 조금은 갚아야지 싶어 정년퇴임(그는 고려대에서 정년을 맞았다.)을 하면서 지난 10년 매달 조금씩 적금을 부었어, 했다(이런 것 밝혀도 괜찮을까?). 報本(보본)이라는 말이 있는데 혹 이런 경우를 말하는 것인가?

그는, 일에는 정성스럽고 사람에게는 인정 넘치는, 그리고 자라난 곳의 은혜를 잊지 않는 그런 사람이다. 잘은 모르지만 그의 이런 품성도 혹 어린 시절 임실에서 길러진 게 아닌가 싶다.

철저와 엄격

철저와 엄격은 결국 같은 말이다. 같은 말을 둘씩 이어 놓는 것은 낭비일 수 있다. 그러나 무슨 일이든 대충대충 넘어가지 못하는 그를 말하려면 이런 낭비는 부득이한 것이다. 이 철저와 엄격은 앞에 말한 그의 정성의 또 다른 면이기도 하다.

아주 오래 된 일 하나. 언젠가 어느 수필전문지에서 尹五榮(윤오영) 선생이 번역한 明나라 張岱(장대)의 〈湖心亭看雪(호심정간설, 호심정에서 눈 구경을 하다)〉을 읽은 일이 있다. 나는 그때 그 글이 尹五榮 선생의 〈달밤〉과 아주 흡사하다는 인상을 퍽 짙게 받았다. 내가 어느 모임에서 그 이야기를 했더니 그도 그랬다며 두 글을 한번 비교해 보라고(논문 한번 써 보라고) 했다. 그런데 막상 쓰려고 하니 내가 가진 〈湖心亭看雪〉의 원문이라는 것이 좀 미심쩍었다. 그래 그에게 전화를 했다. 그는

"잠깐 기다려."

하고는 그 사이에 張岱의 소품문집 《陶庵夢憶(도암몽억)》을 찾아다가 한 글자씩 부르면서 내가 가진 불완전한 원문을 고치라고 했다. e메일도 없는 시절, 복사해서 우편으로 보내려면 부지하세월이고(실은 원문이 200자 내외밖에 안 된다.). 그리하여 두 글의 대조가 끝나자 이번에는 내가 제대로 고쳤는지 그는 두 번인가 더 확인을 했다. 한 번으로는 성이

안 찼던가? 그래서 쓴 글이 졸고〈尹五榮에게 끼친 張岱의 影響〉이다.

역시 오래 된 일 또 하나. 내가 문교부에서 편수관을 할 때 그가 周自淸(주자청)의 〈背影(배영, 뒷모습)〉을 번역한 일이 있다. 나는 그 글을 중학교 국어교과서에 싣기로 했다. 문학적으로든 교육적으로든 대단히 훌륭한 수필이라고 믿었기 때문이다. 그러나 그러려면 중학생에게 맞는 문장으로 다시 번역해야 한다. 나는 교과서에 싣는 글이 갖추어야 할 여러 가지 까다로운 조건들을 제시하면서 다시 번역해 달라고 했다. 그는 내 청탁을 차마 거절할 수 없었던지 흔쾌히(실은 마지못해) 승낙하고 그 작업에 심혈을 기울였다. 조사 하나 어미 하나를 선택하는 데도 철저하고 엄격했다. 그 글은 〈아버지의 뒷모습〉이라는 제목으로 교과서에 실렸다.

張岱의 소품문집을 읽어주고 내가 제대로 고쳤는지 확인하던 그의 목소리, 그가 새카맣게 고쳐 건네주던 〈아버지의 뒷모습〉 교정지, 아득한 옛날 일이지만 그를 보면 문득 생각날 때가 있다. 철저와 엄격, 그는 대충대충 못 넘기는 사람이다.

열정에 관하여

나는 전에 許世旭의 人間과 文學을 논할 때 그를 정열을 잃지 않는 청년이라고 말한 바 있다. 그런데 정열보다는 열정이 더 뜨거울 것 같아서(내 생각) 이 글에서는 열정이라는 말을 쓰기로 한다. 펄펄 열정 끓는 한 청년, 그는 뻘뻘 땀을 흘리며 테니스를 친다. 먼 길을 거침없이 날고 달린다. 젊은 시절에는 노적봉 깎아지른 절벽에서 겁 없이 로프도 탔다. 그는

> 흔히 강인한 도전자를 두고 七顚八起(칠전팔기) 운운하지만 어찌 일곱 번만 자빠지랴! 세상에 흔한 동작이 자빠지는 일이요, 자빠지면 일어나게 마련이다. 그러니까 자빠지고 일어남은 일상이요, 심지어 꿈속에서 늘상 나타나는 일이다.
>
> — 〈탈출과 돌파〉

라고 한 바 있다. 같은 글에서 "사람도 물 같아서 가만히 괴어 있으면 썩을 뿐 생기를 얻지 못한다."고도 했다. 자빠지고 일어나는 것을 일상으로 알며 아무리 편한 자리여도 거기 가만히 괴어 있지 못하는, 그리하여 무섭게 탈출과 돌파를 감행하는 사람, 許世旭은 그런 사람이다.

그렇다면 무엇이 그로 하여금 그런 탈출과 돌파를 감행케 했고 또 지금도 그렇게 하는 걸까? 열정이다. 열정이 그를 괴어 있지 못하게, 주저앉지 못하게 하는 것이다. 만약 그의 가슴이 미지근하여 현실의 잔재미에 안주했더라면 지금쯤 그는 그의 고향에서 남의 혼서나 대필하는 임실 양반으로 자족할 것이고, 그리하여 한 탁월한 시인과 수필가와 중문학자는 태어나지 못했을 것이다.

나는 위에서 그의 정성, 그의 철저와 엄격에 관해서 말한 바 있다. 이 역시 열정 없는 사람에게서는 바랄 수 없는 것들이다. 이렇게 쓰고 보니 옛날 그의 ≪中國文化叢說≫을 읽다가 스스로 압도되었던 기억이 새롭다. 그때 나는 이 책이 도저히 한 사람의 저작이라고는 믿을 수가 없었던 것이다. 얼마나 많은 책을 읽고 또 얼마나 고치고 고쳤을까? 컴퓨터도 없는 시절이었다. 그의 노작들(저서든 역서든, 창작이든 연구든)은 내가 아는 한 모두 열정의 결정들이다.

나이 들면 열정도 식게 마련이다. 그러나 그는 예외다. 수필문우회를 이끄는 일, 글 쓰고 가르치는 일, 여전히 열정적이다. 절벽에서 로프 타는 일 빼놓고는—.

許世旭은 종로에서 논두렁길을 찾는 사람이다. 그의 사람과 글에 이런 임실 사람이 없다면 나는 그와 가까워질 수 없었을 것이다. 그는 정성스럽고 인정 있고 근본을 잊지 않는 사람이다. 나는 그런 그를 보면서 자신의 옹색한 삶을 좀 부끄럽게 돌아본 기억이 있다. 그가 매사에 철저하고 엄격한 것은 조선조 선비 그대로다. 草笠(초립) 시절 그의 정신적 지주였던 작은할아버지(〈지팡이 소리〉의 주인공)의 훈도와 사랑 속에 자라서 그런 걸까? 작은할아버지는 조선조 마지막으로 登科(등과)한 선비였다. 나는 귀찮아서, 잘 몰라서, 혹은 이해가 걸려서 대충 넘어간 일은 없는지 모르겠다. 그는 여전히 열정을 잃지 않는 청년이다. 나는 그런 그가 늘 부럽다.

자, 그의 ≪서적굴 디딜방아≫ 소재 〈지팡이 소리〉 두어 줄 읽고 그만 마치자.

> 내 고향 옛집은 언덕에 있었다. 뒤로는 들을 건너 노산이 우뚝 멈췄고 사랑채 아래론 시내가 흘렀다. 사랑 앞엔 백년 묵은 회화나무가 꾸부정히 서서 그 가지로 기와를 덮고 그 그늘로 뜰을 채웠는데, 철따라 피는 꽃들도 그 그늘만큼 소탈하고 포근하지 않았다.
>
> 작은할아버지는 늘 그 그늘을 밟고 긴 지팡이를 한 손에 쥔 채 긴 두루마기 흰 옷자락을 한 손에 휘감곤 뜰아래의 시냇물 소리를 듣거나 멀리 하늘을 응시하곤 했다. 작은할아버지는 내가 체험한 李朝(이조)의 전부요, 내가 마지막 보았던 완고한 家統(가통)이었다.
>
> ― ≪계간문예≫ 2010. 여름호.

猊山隱者傳(예산은자전)考 – 崔瀣

–自己3人稱化에 관하여

머리말

猊山(예산)은 猊山農隱(예산농은)의 준말이다. 崔瀣(최해)[1]의 號다. 猊는 獅子(사자)라는 뜻이다. 그가 獅子山 아래 가 살았기 때문에 글자 한 자를 줄여서 猊山이라 한 것일까? 拙翁(졸옹)이라고도 했다. 〈猊山隱者傳〉은 그의 한 짧은 수필이다. 그는 詩文이 탁월했다. 그러나 퍽 불우했던 모양이다. 沈守慶[2]은 그에 대하여 다음과 같이 기록했다.

---

1) 崔瀣(1287–1340); 高麗 忠肅王 때의 學者, 文人. 性品이 剛直했다. 當代의 文豪로 나라 안팎에 文名을 떨쳤다. 저서로 ≪農隱集≫, ≪拙藁千百≫.

2) 沈守慶(1516–1599); 朝鮮 宣祖 때의 文臣. 號는 聽天堂. 문장과 글씨에 뛰어났다. 저서로 ≪遣閑雜錄≫.

高麗의 崔瀣는 (중략) 元나라에 가 科擧에 올랐다. 그는 才能이 奇異하고 志操가 높았지만 때를 만나지 못했다. 마침내 獅子山 아래 옮겨 살며 〈猊山隱者傳〉을 짓고 거기서 죽었다.[3]

나는 일찍이 沈守慶이 말한 崔瀣의 〈猊山隱者傳〉을 읽은 바 있다. 내가 오늘 이 수필을 화제에 올린 것은 자기(1인칭주인공이어야 할 '나')를 3인칭으로 드러내는 실례 하나를 보이고 싶어서다. 그 전문은 다음과 같다.

隱者의 이름은 夏屆(하계)인데 혹은 下逮(하체)라고도 부른다. 蒼槐(창괴)는 그 姓氏이니 대대로 龍伯國(용백국)[4] 사람이다. 본래는 複姓(복성)이 아니었으나 은자에 이르러, 우리 音이 느린 까닭으로 그 이름과 함께 바꾼 것이다.

은자는 어려서 이미 天理를 아는 듯했으나, 就學(취학)을 해서는 한구석에 집착하지 않고 겨우 그 뜻이나 알았으니, 하나도 졸업한 것이 없다. 이는 널리 볼 뿐 깊이 탐구하지 않은 까닭이다.

차차 커 가면서는 개연히 功名에 뜻을 세웠으나 세상이 허락하지 않았다. 이는 그 성미가 윗사람에게 問候(문후)할 줄을 모르고, 술을 즐기되 두어 잔이면 남의 善惡을 말하기 좋아하

---

3) 高麗時 拙翁崔瀣(中略) 登第於元朝. 而崔瀣才奇志高, 不遇於時. 終居獅子山下, 自著猊山隱者傳, 而卒. －沈守慶, ≪遣閑雜錄≫.

4) 지은이의 本貫과 무슨 관련이 있을 법한데 필자가 미처 알아보지 못했다. 巨人의 나라라고도 하나(≪辭源≫) 이 글과는 무관한 것 같다.

며, 무릇 귀에 들어온 것을 입이 지키지 못함으로써 사람들이 愛重하는 바가 되지 못한 까닭이다. 번번이 벼슬에 오르려다가 내침을 받으니, 친한 벗들이 애석하게 여겨 이를 고쳐 보려고 혹은 勸하고 혹은 責하였으나 받아들이지 못했다.

중년에 이르러서는 자못 후회해 마지않았다. 그러나 사람들은 이미 그가 우리(牢)와 새장(籠)에 갇힐 수 없다는 것을 알았기 때문에 그는 결국 등용될 수 없었다. 그도 또한 이 세상에 더는 뜻을 두지 않았다. 일찍이 스스로 말하기를

"그 동안 나와 왕래한 사람은 모두 착했다. 그런데도 나를 받아들이지 않는 사람이 많았다. 많은 사람의 믿음을 얻는다는 것이 참으로 어렵구나."

했다. 이것은 그의 단점이다. 아, 그러나 장점이 되는 까닭이기도 한 것이다.

늘그막에는 獅子山 岬寺(갑사)의 한 스님을 따라가 논밭을 빌려 농사를 지었는데, 農園을 열어 取足(취족)이라 이름하고 自號하기를 猊山農隱이라 했다. 다음은 그의 좌우명이다.

너의 논 너의 밭은 三寶(삼보)의 은혜라,
足함을 取하고 어찌 이를 잊으랴.

은자는 평소에 浮屠(부도, 부처)를 좋아하지 않았으나, 갑자기 그의 땅을 빌려 농사짓는 자가 되었으매, 일찍이 품었던 뜻의 어그러짐을 자책하여 이에 스스로 희롱하는 것이다.[5]

---

5) 隱者名夏屈 或稱下逮, 蒼槐其氏也 世爲龍伯國人. 本非複姓 至隱者 因夷

그럼 이 글의 隱者는 누구인가?

그는 이름이 夏屆 또는 下逮, 성이 蒼槐라고 한다. 이 두 글자로 된 名詞들은 다 反切로 표기된 것이다. 즉 다음과 같이, 앞 글자는 그 初聲을, 뒤 글자는 그 中聲(終聲이 있다면 그 中·終聲)을 취하여 읽을 바의 것이다.

夏屆 ; ㅎ + ㅖ = 혜
下逮 ; ㅎ + ㅖ = 혜
蒼槐 ; ㅊ + ㅚ = 최

그러니까 夏屆와 下逮는 瀣, 蒼槐는 崔다. 참고로 한마디, 瀣(이슬 기운 해)의 당시 音은 '혜'였을 것이다. 薤(부추 해)의 옛 소리가 '혜'다(崔世珍의 ≪訓蒙字會≫ 參考). 逮(미칠 체)의 中

音之緩, 併其名而易之.
隱者方孩提 已似識天理, 及就學 不滯於一隅 纔得旨歸 便無卒業, 其汎而不究也.
稍壯, 慨然有志於功名 而世莫之許也. 是其性不善於伺候, 而又好酒數爵而後喜說人善惡, 凡從耳而入者口不解藏, 故不爲人所愛重. 輒擧輒斥而去, 雖親友惜其欲改 或勸或責不能納.
中年, 頗自悔 然人已待以非可牢籠 未果用, 而隱者亦不復有意於斯世矣. 嘗自言
"吾所嘗往來者皆善人, 而其所不與者多, 欲得衆允難矣."
此其所短. 迺其所以爲長也.
晩, 從獅子岬寺僧 借田而耕, 開園曰取足 自號猊山農隱. 其銘座右曰
"爾田爾園三寶重恩, 取足奚自愼可諼."
隱者素不樂浮屠 而卒爲其佃戶, 蓋訟夙志之爽 以自戱云. －≪東文選≫

聲도 ㅖ였을 것이다. 重母音 ㅖ가 ㅔ로 單母音化한 예는 부지기수다.

자, 다시 본론으로 돌아가자. 자기(1인칭)를 남(3인칭)처럼 지칭하는 예는 이 밖에도 더러 있었던 듯하다. 한두 예만 들어본다.

A. 白雲居士(백운거사)는 先生의 自號다. ‖ 쌀독이 비어 여러 번 밥을 짓지 못했지만 마음에 두지 않았다. 성품이 호방하여 거리낌이 없었다. 天地四方이 오히려 답답했다. ‖ 스스로 贊(찬)하여 가로되, 뜻은 진실로 宇宙 밖에 두었으니 天地가 이를 가두지 못할지라, 장차 천지의 氣로 더불어 無何有(무하유)에 놀지 않으랴.[6)]

B. 朝鮮이 나라를 세운 지 384년, 鴨綠江(압록강) 동쪽 천여 리에 그가 산다. 그는 新羅(신라)를 조상으로, 密陽(밀양)을 본관으로 하여 세상에 태어났다. ≪大學≫에서 뜻을 따 이름을 짓고 ≪離騷(이소)≫의 노래에 의탁하여 호를 삼았다.[7)]

---

6) 白雲居士先生自號也.(中略) 家屢空火食不續, 居士自怡怡如也. 性放曠無檢, 六合爲隘, 天地爲窄.(中略) 自作贊曰 志固在六合之外, 天地所不囿, 將與氣毋遊於無何有乎. －李奎報 ≪白雲小說≫
李奎報(1168－1241) : 高麗 高宗 때의 文臣, 文人. 號는 白雲居士. 詩文이 뛰어났다. 저서로≪東國李相國集≫, ≪白雲小說≫.

7) ≪大學≫에 "古之欲明明德者는 先治其國하고, 欲治其國者는 先齊其家하고－"라는 말이 있다. 여기서 齊와 家를 따 齊家라는 이름을 지었다는 것. 〈離騷〉는 ≪楚辭≫의 한 篇名, 號는 여기서 楚자를 땄다는 뜻일까?

그의 사람됨은—. 물소 이마에 칼날 같은 눈썹, 푸른 눈에 하얀 귀, 孤高(고고)한 사람을 가려서 더욱 가까이 하고 繁華(번화)한 사람을 보면 문득 멀리 한다. 그러므로 뜻 맞는 이가 적어 늘 가난하다.[8]

글A는 李奎報가 자기를 말한 것이다. 그런데 그 자기(1인칭)가 남(先生, 3인칭)이 되어 있다. 글B는 朴齊家가 자기를 말한 것인데 역시 그 자기(1인칭)가 남(그, 3인칭)이 되어 있다. 말하자면 自己3人稱化다.

崔瀣는 왜 남이 되어 말했을까?

崔瀣의 〈猊山隱者傳〉은 1인칭시점(특히 1인칭 주인공시점)으로 써야 할 법한 글이다. 그런데 왜 3인칭시점(특히 전지적 작가시점)으로 썼을까? 우선 이 글에서 다음 두 줄만 생각해 보자.

ㄱ: 술을 즐기되 한두 잔이면 남의 善惡을 말하기 좋아했다.

朴齊家(1750－1815) : 朝鮮 正祖 때의 實學者, 文人. 號는 楚亭. 詩文이 뛰어났다. 李德懋, 柳得恭, 李書九와 함께 前四家의 하나. 저서로 ≪楚亭全書≫.

8) 朝鮮之三百八十季, 鴨水之東千有餘里其生也. 出新羅而祖, 密陽其系也. 取大學之旨而名焉, 托離騷之歌而號焉. 其爲人也, 犀額刀眉 綠瞳而白耳, 擇孤高而愈親 望繁華而愈疎, 故寡合而常貧. －朴齊家 ≪楚亭全書≫, 〈小傳〉

ㄴ: 한 스님을 따라가 논밭을 빌려 농사를 지었다.

ㄱ은 隱者의 대단히 경박한 성격을, ㄴ은 儒家로서의 隱者의 퍽도 한심한 삶을 말한 것이다. 둘 다 1인칭시점으로 쓰기는 적잖이 망설여지는 내용이다. 나는 이 글을 읽고 다음과 같이 쓴 일이 있다.

> 지은이는 자신의 결함을 잘 안다. 결국 절의 佃戶(전호, 소작인)가 되어 농사를 짓고 산다. 그도 儒者가 절에 붙어사는 것이 우스워서(실은 비참해서) 이 글을 쓴 모양이다. 나는 이 글처럼 자신을 발가벗겨 놓은 글을 일찍이 보지 못했다. 그가 寒貧(한빈) 속에서도 당대에 文名을 떨친 것이 이런 自省 때문인가?[9]

1인칭시점으로도 자신의 결함을, 자신의 처지를 이렇게 발가벗겨 보일 수 있을까? 물론 있을 것이다. 그러나 3인칭시점만큼 자기를 더 홀랑 벗겨, 더 객관적으로 진술하기는 어렵지 않을까 싶다.

李奎報가 자기를 3인칭화하여 '先生'이라고 한 것이나 朴齊家가 자기를 '그'라고 3인칭화한 것이나 다 1인칭으로 쓰는 게 선뜻 내키지 않아서 그랬을 것이다. 위에 인용한 글A, B도 다 자기를 보다 객관적으로 드러내(벗겨) 보이려는 진술이

---

9) 필자 ≪한국고전 수필선≫, p.72.

다. 그러나 〈猊山隱者傳〉과 달리, 차마 자기 입으로는 말하기 어려운 自讚(자찬)으로 짜여 있다. 그런데 만일 이를

> ㄱ: 나는 성품이 호방하여 거리낌이 없다.
>
> ㄴ: 나는, 孤高한 사람을 가려서 더욱 가까이 하고 繁華한 사람을 보면 문득 멀리 한다. 그러므로 뜻 맞는 이가 적어 늘 가난하다.

와 같이 썼다면 어찌 될까? 안 될 것은 없겠지만 남의 빈축은 면하기 어려울 것이다. 3인칭으로 쓰면 그 빈축의 도를 조금은 완화시킬 수 있지 않을까 한다.

맺음말

자기의 숨기고 싶은 사실(가령 경박한 성격 같은 것)을 1인칭시점으로 말한다는 것은 적잖이 주저되는 일이다. 우선 창피할 테니까(무슨 그리 대단한 告解냐 하는 빈축도 따를 테고). 그러나 말은 해야겠고, 하자니 주저되고, 그래서 崔瀣는 자기의 그 숨기고 싶은 사실을 3인칭시점으로 진술했을 것이다.

자기의 드러내고 싶은 사실(가령 초연한 행동 같은 것)을 1인칭시점으로 말한다는 것도 적잖이 주저되는 일이다. 우선 남의 빈축("그래, 너 잘났어,"하는)을 살 테니까. 그러나 말은 해야겠고, 하자니 주저되고, 그래서 李奎報와 朴齊家도 자기의

드러내고 싶은 사실을 3인칭시점으로 진술했을 것이다.

숨기고 싶은 사실이든 드러내고 싶은 사실이든, 자기 이야기를 3인칭시점으로 진술하면, 자기를 조금은 더 적나라하게 벗겨 보일 수 있다. 자기에게 던져질 빈축의 도를 조금은 완화시킬 수 있다. 숨길 것도 자랑할 것도 아닌 사실(일상적인 것들)이라도 3인칭시점으로 쓰면 글의 변화는 도모할 수 있다.

우리 수필가들의 글은 거의 다 1인칭(주인공)시점으로 되어 있다. 따라서 지은이의 숨기고 싶은 이야기는 드러나기 어렵다. 드러내고 싶은 이야기는 흔히 빙 둘러 나타내는데, 그렇다고 해서 독자의 빈축을 면하는 것 같지도 않다. 나는 우리 수필가들이 과감하게 이 3인칭시점을 활용해 보기 바란다.

다음은 나의 한 실험—.

> 金 선생을 매달 연금을 받는다. 이 밖에 강사료라는 것이 몇 푼 있지만 그것은 오다가다 친구 만나 삼겹살에 소주 몇 번 하면 다 없어진다. 그러니 마나님에게 가욋돈 한푼 못 준다. 金 선생이 학교에 있을 때는 그래도 무슨 특강이다 심사다 해서 그렇지 않았다. 그러나 세월은 흐르는 것, 다 지나간 이야기다.
>
> 그런데 어느 출판사와 책을 하나 내기로 해서 오늘 계약금 5십만 원이 입금되었다. 金 선생은 빳빳한 1만 원짜리 새 돈으로 5십만 원을 찾아다가 하얀 봉투에 목직하게 넣어서

마나님 앞이 슬그머니 내밀었다.

"아니, 이게 뭐예요, 돈?"

순간 마나님의 얼굴이 쨍하고 빛났다.

"돈이 그렇게 좋아?"

"그럼, 안 좋아요? 더구나 남편이 주는 돈인데. 아, 얼마만이야, 이게?"

"남편이 주는 돈은 세종대왕이 둘이래?"

"그럼요. 남편이 주는 돈은 누워서 받고, 아들이 주는 돈은 앉아서 받고, 딸이 주는 돈은 서서 받는대요."

"불손하기는…."

"그럼 엎드려서 받을까?"

마나님은 천하를 다 얻은 얼굴로 돈을 세었다. 金 선생은 모처럼 목에 힘이 갔다. 아, 얼마만이야, 이게?

―〈다시 짧은 글 연습―앉아서 받고 누워서 받고〉[10]

이 글 속의 金 선생은 곧 나 자신이다. 내가 3인칭으로 내 이야기를 한 것은, 내 초라한 모습을 직접 드러내기도 좀 그렇고 글에 변화도 주고 싶고, 그래서 그런 것이다. 특히 변화를 더 생각했다. 빛도 움직임도 없는 바다 밑처럼 참 답답한 내 散文, 어떤 방법으로든 나는 내 글에 변화를 주고 싶었다.

수필가 여러분의 질정을 바란다.

― 《隨筆學》 2010.

---

10) 필자 《내 아내는 잘라 팔 머리가 없다》

弔針文(조침문)考 - 兪氏

- 특히 그 誇張法에 관하여

이 글은 죽은 사람 아닌, 부러진 바늘을 슬퍼하는 弔文[1]이다. 지은이는 朝鮮純祖 때의 여인 兪氏로 전한다. 그러나 그에 관해선 별로 알려진 게 없다. 나는 이제 이 글에 드러나는 몇 가지 사실, 특히 그 誇張法에 관해서 잠시 이야기하고자 한다. 그 전문은 다음과 같다.

> 維歲次 某年某月某日[2]에 未亡人 某氏는 두어 字 글로써 針子에게[3] 고하노니, 人間[4] 婦女의 손 가운데 종요로운 것이

---

1) 弔文은 죽은 이의 생전의 功德을 기리고 그의 冥福을 비는 글.

2) 弔文 또는 祭文의 첫머리에 쓰는 말로 干支의 차례에 따라 '무슨 해 어느 달 며칠날에'라는 뜻.

3) 바늘에게. 子는 접미사. 椅子, 卓子 등.

4) 사람 사는 세상, 人世.

바늘이로되 世上 사람이 貴히 아니 여기는 것은 到處에 흔한 바이로다. 이 바늘은 한낱 적은 物件이나 이렇듯이 설워함은 나의 情懷 남과 다름이라. 嗚呼慟哉라[5], 불쌍하고 불쌍하다. 너를 얻어 손 가운데 지닌 지 于今 二十七年이라, 어이 人情이 그렇지 아니 하리오? 哀哉라, 눈물을 잠깐 거두고 心神을 겨우 鎭定하여[6], 너의 行狀[7]과 나의 懷抱를 忽忽히 적어 永訣하노라.

年前에 우리 媤三寸께옵서 冬至使 落點을 무르와[8] 北京을 다녀오신 後에 바늘 여러 쌈을 주시거늘, 親庭과 遠近一家에게 보내고 婢僕들도 쌈쌈이 낱낱이 나눠 쓰고, 그 중에 너를 擇하여 손에 익히고 익히어 지금까지 偕老[9]되었더니, 哀哉라, 緣分이 非常하여,[10] 바늘을 무수히 잃고 부러쳐 바렸으되 오직 너 하나를 年久히 保全하니 비록 無心한 物件이나 어찌 사랑스럽고 迷惑지 아니 하리오?[11] 아깝고 불쌍하고 섭섭하도다.

나의 身勢 薄命하여 膝下에 한 子女 없고, 人命이 凶頑하여[12] 일찍 죽지 못하고, 家産이 貧窮하여 針線에 마음을 붙

---

5) 아, 슬프다(아프다). 嗚呼는 슬픔을 나타내는 감탄사.

6) 마음(정신)을 겨우 가라앉히어.

7) 사람이 죽은 뒤에 그 평생의 行跡을 적은 글.

8) 冬至使로 선발되어. 冬至使는 朝鮮에서 해마다 冬至 무렵에 中國에 보내던 使臣. 落點은 추천된 候補들의 이름 위에 점을 찍어 官員을 선임하는 일.

9) 부부가 일생을 함께 늙음. 그러나 실은 偕老하지 못했다.

10) 因緣이 보통이 아니라서.

11) 어찌 사랑스럽고 홀리지(정신을 빼앗기지) 않겠는가?

여[13], 저것으로 시름을 잊고 生涯[14]를 도움이 적지 아니하더니, 오늘 날 너를 永訣하니 嗚呼 慟哉라, 이는 鬼神이 猜忌하고 하늘이 미워하심이로다.

아깝다 바늘이여, 어여쁘다 바늘이여, 네 微妙한 品質과 特別한 才致를 가졌으니 物中의 靈物이요 鐵中의 錚錚이라. 敏捷하고 날래기는 百代의 俠客이요, 굳세고 곧기는 萬古의 忠節이라. 秋毫 같은 부리는 말하려는 듯하고, 두렷한 귀는 소리를 듣는 듯하는지라. 綾羅와 緋緞에 鸞鳳孔雀을 수놓을 제, 그 敏捷하고 神奇함은 鬼神이 돕는 듯하니 어찌 人力의 미칠 바리요?[15]

嗚呼 慟哉라, 子息이 貴하나 손에 놓을 때도 있고 婢僕이 順하나 命을 거스를 때도 있나니, 너의 微妙한 氣質이 나의 前後에 酬應함을 생각하면 子息에게 지나고 婢僕에게 지나는지라, 天銀으로 집을 하고 五色으로 파란[16]을 놓아 곁고름에 채였으니 婦女의 노리개라. 밥 먹을 적 만져 보고 잠잘 적 만져 보고, 너로 더불어 벗이 되어 夏之日에 珠簾이며 冬之夜에 燈盞을 相對하여[17] 누비며 호며 감치며 박으며 공고를 때

---

12) 사람의 목숨이 모질어서.

13) 집의 재산이 가난하여 바느질에 마음을 붙여. 針線(바늘과 실)은 바느질.

14) 生計와 같은 말.

15) 이 문단은 바늘의 資質과 行動의 뛰어남을 묘사한 것. 여기서 性交 중의 남성, 그 굳셈과 날램을 연상한다면 불순하다 할 것인가? 한번 생각해 볼 일이다.

16) 그릇의 겉에 발라 윤기를 나게 하는 물질, 琺瑯(법랑).

17) 夏之日은 여름낮, 冬之夜는 겨울밤.

에, 겹실을 꿰었으니 鳳尾를 두르는 듯, 땀땀이 떠 갈 적에 首尾가 相應하고 솔솔이 붙여 내매 造化가 無窮하다.

이 生에 百年同居[18] 하렸더니, 嗚呼 慟哉라, 바늘이여. 今年 十月 初十日 戌時에 熹微한 燈盞 아래서 冠帶[19] 깃을 달다가 無心中間에 자끈동 부러지니 깜짝 놀라워라. 아야, 아야, 바늘이여, 두 동강이 났구나. 精神이 아득하고 魂魄이 散亂하여 마음을 빻아내는 듯, 頭骨을 깨쳐내는 듯, 이윽도록 氣塞昏絶하였다가[20] 겨우 精神을 차려 만져 보고 이어 본들 속절없고 하릴없다. 扁鵲의 神術로도[21] 長生不死 못 하였네. 동네 匠人에게 때이련들 어찌 能히 때일손가? 한 팔을 떼어낸 듯, 한 다리를 베어낸 듯, 아깝다 바늘이여. 가슴을 만져 보니 꽂혔던 자리 없네. 嗚呼 慟哉라, 내 삼가지 못한 탓이로다.

無罪)한 너를 마치니 伯仁이 由我而死라[22], 누를 恨하며 누를 怨하리요? 능란한 性品과 공교한 才質을 나의 힘으로 어찌 다시 바라리오. 絶妙한 儀形은[23] 눈 속에 삼삼하고 特別한 品才는 心懷가 索莫하다.[24] 비록 物件이나 無心치 아니

---

18) 일생을 함께 삶. 부부 사이에서나 쓰는 말.

19) 벼슬아치들이 입는 옷(官服), 관디.

20) 숨이 막히고 정신이 아뜩하여 까무러쳤다가.

21) 扁鵲의 신통한 의술로도. 扁鵲은 中國 戰國時代의 명의. 원래의 성은 秦, 이름은 越人.

22) 伯仁이 나로 말미암아 죽었는지라. 晋나라 伯仁은 王導가 화를 입었을 때 애써 구했지만, 王導는 伯仁이 화를 당했을 때 그를 구할 만한 힘이 있는데도 구하지 않았다. 伯仁이 죽은 뒤에 王導는 그가 애써 자기를 구해 준 줄을 알고 伯仁由我而死라고 했다 한다.

23) 아주 묘한 모양(여기서는 생김새).

하여 後世에 다시 만나 平生同居之情[25]을 다시 이어 百年苦樂[26]과 一時生死[27]를 한 가지로 하기 바라노라. 嗚呼 慟哉라, 바늘이여.

— 李熙昇 편 ≪歷代國文學精華≫[28]

이 글은 우선 문장이 유려하다. 유려하다는 것은 잘 읽힌다는 뜻이다. 아마도 그것은 이 글이 散文이면서도 韻文을 배합하고 있어서 그런 면이 있지 않을까 싶다. 몇 예 들어보자.

A. 나의 身世 薄命하여/膝下에 한 子女 없고,
人命이 凶頑하여/일찍 죽지 모사고.
B. 아깝다 바늘이여/어여쁘다 바늘이여 ‖
物中의 靈物이요/鐵中의 錚錚이라.
敏捷하고 날래기는/百代의 俠客이요,
굳세고 곧기는/萬古의 忠節이라.
C. 땀땀이 떠 갈 적에/首尾가 相應하고,

24) 품은 바 마음이 쓸쓸하다, 가슴 안이 황량하다.
25) 평생을 함께 사는 정. 부부 사이에서나 쓰는 말.
26) 평생의 즐거움과 괴로움. 역시 부부 사이에서나 쓰는 말.
27) 한시에 나고 한시에 죽음. 있기 어려운 인연이다.
28) 이 책에 실린 텍스트의 제목은 祭針文으로 되어 있다. 그러나 본문은 이 祭針文에 따르되 제목은 弔針文 쪽을 따르려고 한다. 이 글은 弔針文이라는 제목으로 고등학교 국어교과서에 실려 널리 알려진 바 있다. 본문을 이 책에 의존하는 것은 國漢을 혼용하여 이해하기 쉬운 장점 때문이다.

솔솔이 붙여 내매/造化가 無窮하다.
아야, 아야, 바늘이여/두 동강이 났구나.
精神이 아득하고/魂魄이 散亂하여
마음을 빻아내는 듯/頭骨을 깨쳐내는 듯‖
한 팔을 베어낸 듯/한 다리를 베어낸 듯.

이 부분들을 읽어보면 關東別曲(가사)이나 烈女春香守節歌(판소리)에서와 같은 강한 外形律을 느끼게 된다. 弔針文의 이러함은 우리나라의 散文이 완전히 확립되기 이전, 그러니까 韻文의 잔재를 깨끗이 청산하지 못한, 그런 시기에 흔히 볼 수 있는 것으로서 가벼이 보아 넘길 수도 있을 것이다. 그러나 그렇다 하더라도 弔針文에 배합된 韻文은 그 나름의 효과를 거양하고 있다는 점은 무시할 수 없을 것 같다. 즉, 잔잔한 散文의 수면 위에, A는 한탄, B와 C는 찬탄, D는 절망과 관련된 감정의 파문을 일게 하는 것이다. 글이 생동한다.

오늘의 隨筆에서도 散文 속에 韻文을 배합한 예를, 비록 희귀는 하지만 찾아볼 수 있다. 이것이 지은이의 의도적인 배합인지 우연한 결과인지는 속단할 수 없다. 다음은 그 예들이다.

A. 그 친구는 정말 졸지에 갔다. 태평양 건너에 아내와 어린 새끼들을 두고, 북쪽에 고향을 두고, 그리고 고국에 친구를 둔 채 허겁지겁 숨어 버린 것이다.‖

세상은 온통 불바다, 거기 데일세라 몸을 움츠리고, 세상은 온통 살얼음, 거기 빠질세라 살금거리지만, 도시 지금 선 자리로 돌아올 수 없을 것 같은 몹쓸 예감은 쫓을 수 없다.

– 허세욱, 〈이삭줍기〉

B. 탑은 바람風 속에 산다.

솔바람, 건들바람, 돌개바람, 칼바람을 맞으며 바람이 잦은 사람들의 바람을 먹고 영원 속에 살고 있다. 아이의 두 손 모은 해맑은 바람과 한 남자의 바람을 막기 위한 한 여자의 애끊는 바람, 내 안에 이는 끝없는 바람을 잠재워 달라는 익명인의 간절한 바람도 모두 끌어안고 실바람 속에 은은히, 꽃바람 속에 외로이, 비바람 속에 꿋꿋이 서 있다.

– 이옥자, 〈탑, 바람 바람 바람〉

글A의 첫째 문단은 '–에 –을 두고(우오)'를 반복함으로써 音位律을, 둘째 문단은 비슷한 構造(對句), 비슷한 音節數의 두 문장을 맞세움으로써 音數律을 드러낸다. 글B의 밑줄 친 부분은 '–바람 속에 –히(이)'의 반복이다. 音位律이다. 이 세 부분은 또 말의 構造(對句)가 같고 音節數도 같다. 音數律이다. 이 배합된 韻文들은 글에 변화를 주고 지은이의 고조된 감정을 잘 드러낸다.

오늘의 우리 隨筆을 韻文으로 쓴다는 것은, 아주 실험적인 경우가 아닌 한 생각하기 어렵다. 그러나 위와 같은 정도의

韻文의 배합은 오늘의 우리 수필가들이 한번 고려해 보았으면 한다.

그런데 이 잘 읽히는 글을 좀 찬찬히 들여다보면 퍽 이상한 데가 눈에 띈다. 하나씩 살펴보자.

첫째, 바늘을 받은 것은 年前인데 어떻게 지닌 지 于今二十七年일 수 있을까?(이 27년은 여인이 그 남편과 함께한 세월을 말함일 것이다. – 어느 사석에서 수필가 최민자에게 들은 말) 둘째, 바느질로 생계를 잇는 가난한 여인에게 무슨 바늘을 나누어줄 婢僕들이 있을까? 두 경우 다 모순이다.

둘째, 화자(수필적 자아, 글 속의 나)가 좀 이상하다. 1인칭수필에 있어서의 화자는 언제나 한 사람의 모습으로 떠오른다. 그런데 弔針文의 화자는, 한 사람으로 보기에는 너무 부자연스런 두 모습으로 떠오르는 것이다. 다음을 보자.

A. 年前에 우리 媤三寸께옵서 冬至使 落點을 무르와
婢僕들도 쌈쌈이 낱낱이 나놔 쓰고

B. 家産이 貧窮하여 針線에 마음을 붙여 ‖ 生涯를 도움이 적지 않더니
누비며 호며 감치며 박으며 공고릴 때에

A에 드러난 화자(A라고 하자)는 媤三寸이 冬至使요 婢僕들까지 거느린 지체 높고 유여한 양반집 마나님이다. 거기다

유려한 문장으로 弔文을 쓴 것, 扁鵲과 伯仁을 말한 것, 이런 것을 보면 높은 교양을 쌓은 여인이기도 하다. 그런데 B에 드러난 화자(B라고 하자)는 바느질로 생계를 잇는 가난한 여인, 바느질 솜씨가 뛰어난 여인이다. 말하자면 직업적인 針母다. 왜 한 사람의 모습으로 떠올라야 할 화자가 두 사람의 모습을 띠었을까? 다음은 내 상상－.

A는 지체 높고 유여한 집안의 교양 있는 마나님, 그는 자기 집에서 針母로 일하는 B를 관찰한 바 있다. A가 관찰한 바에 따르면 B는 외롭고 가난한 여인이지만 바느질 솜씨가 대단히 뛰어났다. 그런데 어느 날 A는 B가 관대 깃을 달다가 바늘을 부러뜨리고 실색하는 것을 보았다.

그리고 그 후(어쩌면 혼인한 지 27년 후) A는 남편을 잃었다. 그 때 그는 氣塞昏絕했다. 얼마나 지났을까, A는 바늘을 부러뜨리고 실색하던 B의 모습에 의탁해서 死別의 슬픔을 고하는 이 글을 쓰게 된 것이다.

이런 상상이 가능하다면 弔針文의 작자는 A, 화자는 A+B라고 할 수 있다. A와 B를 완전히 융해해서 한 사람의 '나(화자)'로 떠오르게 하지 못한 것은 이 글의 큰 흠이 아닐 수 없다.

그러나 이런 결함에도 불구하고 그 빈틈없는 구성, 그 잘 흐르는 문장, 그 뛰어난 묘사, 그래서 나는 이 글이 언제 읽어도 좋다.

그런데 내가 처음 이 글을 읽었을 때 좀 이상하게 생각한 것이 있다. 그것은 위에 말한 그런 결함보다도 그 심한 誇張法이었다. 몇 예만 들어 본다.

* 이 生에 百年同居 하렸더니, 嗚呼 哀哉라.
* 精神이 아득하고 魂魄이 散亂하여 마음을 빻아내는 듯, 頭骨을 깨쳐내는 듯, 이윽도록 氣塞昏絕)하였다가.
* 後世에 다시 만나 平生同居之情을 다시 이어 百年苦樂과 一時生死를 한 가지로 하기 바라노라.

아무리 나의 情懷가 남다르다 하더라도 바늘 하나 부러뜨리고 氣塞昏絕한다든지 百年이니 同居니 하는 것은 誇張도 심한 경우다. 그렇다면 이 誇張이 함축한 무슨 의미는 없을까? 이것은 바늘이 여인(화자)에게 어떤 '사람'으로 擬人化되었는가를 살펴봄으로써 밝혀질 수 있을 것이다. 다음을 보자.

* 어찌 사랑스럽고 迷惑지 아니 하리오?
* 널로 하여 시름을 잊고.
* 子息에게 지나고 婢僕에게 지나는지라.

요컨대 여인에게 있어서의 그 '사람'은 바로 "홀린 듯이 사랑스럽고, 그와 함께 있음으로써 모든 시름을 잊을 수 있으며, 귀하기로는 자식보다 더하고 뜻을 따라 줌에는 비복보다 나은 존재"다. 그럼 그는 누구일까? 百年同居, 平生同居之情, 百年苦樂, 一時生死, 그는 곧 여인의 남편이다. 이런 남편이 죽었을 때 氣塞昏絕하지 않을 여인이 있을까?

이 글은 부러진 바늘에 의탁하여 죽은 남편을 슬퍼하는 弔文이다. 이렇게 생각하고 보면, 그 誇張은 오히려 죽은 남편을 마주한 한 여인의 절망하는 모습을 아주 리얼하게 그려낸 것이라고 할 수 있다.

이제 이 글을 마쳐야겠다.

"여인(A)이여, 後世엔 다시 만나 平生同居之情을 다시 이어, 百年苦樂과 一時生死를 한 가지로 하십시오."

– 이 글은 拙著 ≪韓國隨筆文學硏究, 1996≫ 所載
〈弔針文考〉를 요약한 것임. 2012.

因緣(인연)考 – 皮千得

– 글의 構成에 관하여

序 –

물새는
물새라서 바닷가 바위틈에
알을 낳는다.
보얗고 하얀
물새 알.

산새는
산새라서 잎 수풀 둥지 안에
알을 낳는다.
알락달락 알록진
산새 알.

– 朴木月, 〈물새알 산새알〉 첫 두 연

물새는 물새라서 물새알을 낳는다. 산새는 산새라서 물새알을 못 낳는다. 이것이 自然의 秩序다. 이 秩序는 하느님이 부여하신 것이다. 만일 하느님이 이런 秩序를 부여하지 않으셨다면, 존재하는 것은 다만 混沌밖에 없을 것이다.

하느님이 그의 의도에 따라 어떤 秩序를 세우심으로써 混沌을 秩序 있는 自然이 되게 하시듯, 작가도 그의 의도에 따라 어떤 秩序를 마련함으로써 그의 散在한 言語들을 작품이 되게 한다. 위에 보인 〈물새 알 산새 알〉을 다시 보자. 그러면 우리는 다음과 같은 사실들을 발견할 수 있다.

첫째, 각 詩行의 끝소리가 모두 有聲音(ㄴ, ㅔ, ㅏ, ㄴ, ㄹ)이다.

둘째, 첫째 聯의 각 詩行 끝에 사용된 韻(脚韻), 즉 '-은, -예, -아, -안(-인), -알'이 둘째 연에서 똑같이 반복된다.

이것은 朴木月이 자신의 의도에 따라 그의 散在한 言語들에 부여한 하나의 秩序(여기서는 음악적 효과를 고려한 소리의 秩序)다. 만일 아무 秩序도 부여되지 않은 글이 있다면 그것은 言語의 무의미한 集結, 즉 自然 이전의 混沌과 같은 그런 글이 될 것이다. 따라서 우리는 한 편의 짤막한 抒情詩라 할지라도 그것은 詩人이 창조한 하나의 言語의 秩序의 세계임을 믿어야 한다.

그러나 隨筆文學에 대한 우리 사회의 통념은 이 당연한 사실에서 좀 먼 듯하다. 해서 나는 皮千得의 〈因緣〉의 構成을 살핌으로써 이 당연한 사실의 당연한 사실임을 확인해 보려고 한다. 우선 그 全文－.

① 지난 4월 春川에 가려고 하다가 못 가고 말았다. 나는 聖心女子大學에 가보고 싶었다. 그 학교에 어느 가을 학기, 매주 한 번씩 출강한 일이 있다. 힘드는 출강을 한 학기 하게 된 것은 朱 수녀님과 金 수녀님이 내 집에 오신 것에 대한 예의도 있었지만 나에게는 사연이 있었다.

② 수십 년 전 내가 열일곱 되던 봄, 나는 처음 東京에 간 일이 있다. 어떤 분의 소개로 사회교육가 미우라(三浦) 선생 댁에 유숙을 하게 되었다. 시바꾸 시로가네(芝區白金)에 있는 그 집에는 주인 내외와 어린 딸 세 식구가 살고 있었다. 하녀도 서생도 없었다. 눈이 예쁘고 웃는 얼굴을 하는 아사꼬(朝子)는 처음부터 나를 오빠같이 따랐다. 아침에 낳았다고 아사꼬라는 이름을 지어주었다고 하였다. 그 집 뜰에는 큰 나무들이 있었고 일년초 꽃도 많았다. 내가 간 이튿날 아침, 아사꼬는 스위트피를 따다가 화병에 담아 내가 쓰게 된 책상 위에 놓아주었다. 스위트피는 아사꼬같이 어리고 귀여운 꽃이라고 생각하였다.

聖心女學園 소학교 1학년인 아사꼬는 어느 토요일 오후 나와 같이 저희 학교까지 산보를 갔었다. 유치원부터 학부까지 있는 가톨릭 교육기관으로 유명한 이 여학원은 시내에 있으

면서 큰 목장까지 가지고 있었다. 아사꼬는 자기 신발장을 열고 교실에서 신는 하얀 운동화를 내게 보여 주었다.

내가 동경을 떠나던 날 아침, 아사꼬는 내 목을 안고 내 뺨에 입을 맞추고 제가 쓰던 작은 손수건과 제가 끼던 작은 반지를 이별의 선물로 주었다. 옆에서 보고 있던 선생 부인은 웃으면서 "한 10년 지나면 좋은 상대가 될 거예요." 하였다. 나는 얼굴이 더워지는 것을 느꼈다. 나는 아사꼬에게 안데르센의 동화책을 주었다.

③ 그 후 10년이 지나고 3,4년이 더 지났다. 그 동안 나는 국민학교 1학년 같은 예쁜 여자아이를 보면 아사꼬 생각을 하였다. 내가 두 번째 동경에 갔던 것도 4월이었다. 동경역 가까운데 여관을 정하고 즉시 미우라 선생댁을 찾아갔다. 아사꼬는 어느덧 청순하고 세련되어 보이는 令孃이 되어 있었다. 그 집 마당에 피어 있는 목련꽃과도 같이. 그때 그는 성심여학원 영문과 3학년이었다. 나는 좀 서먹서먹했으나 아사꼬는 나와의 재회를 기뻐하는 것 같았다. 아버지 어머니가 가끔 내 말을 해서 나의 존재를 기억하고 있었나 보다.

그날도 토요일이었다. 저녁 먹기 전에 같이 산보를 나갔다. 그리고 계획하지 않은 발걸음은 성심여학원 쪽으로 옮겨져 갔다. 캠퍼스를 두루 거닐다가 돌아올 무렵, 나는 아사꼬 신발장은 어디 있느냐고 물어보았다. 그는 무슨 말인가 하고 나를 쳐다보다가, 교실에는 구두를 벗지 않고 그냥 들어간다고 했다. 그리고는 갑자기 뛰어가서 그날 잊어버리고 교실에 두고 온 우산을 가지고 왔다. 지금도 나는 여자 우산을 볼 때면 연두색이 고왔던 그 우산을 연상한다. ≪셸부르의 우산≫이라는 영화를 내가 그렇게 좋아한 것도 아사꼬의 우산 때문인가 한다. 아사꼬와 나는 밤늦게까지 문학 이야기를 하다가 가벼운 악수를 하고 헤어졌다. 새로 출판된 버지니아 울프의 소설 ≪세월≫에 대해서도 이야기한 것 같다.

④ 그 후 또 10여 년이 지났다. 그 동안 제2차 세계대전이 있었고 우리나라가 해방이 되고 또 한국전쟁이 있었다. 나는 어쩌다 아사꼬 생각을 하곤 했다. 결혼은 하였을 것이요, 전쟁통에 어찌 되지나 않았나, 남편이 전사하지나 않았나 하고 별별 생각을 다 하였다. 1954년 처음 미국 가던 길에 나는 동경에 들러 미우라 선생 댁을 찾아갔다. 뜻밖에 그 동네가 고스란히 그대로 남아 있었다. 그리고 미우라 선생네는 아직도 그 집에 살고 있었다. 선생 내외분은 흥분된 얼굴로 나를 맞이하였다. 그리고 한국이 독립이 돼서 무엇보다도 잘됐다고 치하를 했다.

아사꼬는 전쟁이 끝난 후 맥아더 사령부에서 번역 일을 하고 있다가 거기서 만난 일본인 2세와 결혼을 하고 따로 나가 산다는 것이었다. 아사꼬가 전쟁미망인이 되지 않은 것은 다행이었다. 그러나 2세와 결혼을 하였다는 것이 마음에 걸렸다. 만나고 싶다고 그랬더니 어머니가 아사꼬의 집으로 안내해 주었다. 뾰족지붕에 뾰족창문이 있는 작은 집이었다. 20여 년 전 내가 아사꼬에게 준 동화책 겉장에 있는 집도 이런 집이었다. "아, 예쁜 집! 우리 이 담에 이런 집에서 같이 살아요." 아사꼬의 어린 목소리가 지금도 들린다. 10년쯤 미리 전쟁이 나고 그만큼 일찍 한국이 독립되었더라면 아사꼬의 말대로 우리는 같은 집에서 살 수 있게 되었을지도 모른다. 뾰죽지붕에 뾰죽창문이 있는 집이 아니라도. 이런 부질없는 생각이 스치고 지나갔다.

그 집에 들어서자 마주친 것은 백합같이 시들어가는 아사꼬의 얼굴이었다. ≪세월≫이란 소설 이야기를 한 지 10년이 더 지났었다. 그러나 그는 아직 싱싱하여야 할 젊은 나이다. 남편은 내가 상상한 것과 같이 일본 사람도 아니고 미국 사람도 아닌, 그리고 進駐軍 장교라는 것은 뽐내는 것 같은 사나이였다. 아사꼬와 나는 절을 몇 번씩 하고 악수도 없이 헤어졌다.

⑤ 그리워하는데도 한 번 만나고는 못 만나게 되기도 하고, 일생을 못 잊으면서도 아니 만나고 살기도 한다. 아사꼬와 나는 세 번 만났다. 세 번째는 아니 만났어야 좋았을 것이다. 오는 주말에는 춘천에 갔다 오려 한다. 소양강 가을 경치가 아름다울 것이다.

－ ≪琴兒文選≫

本－

이 글의 構成을 살피기 위하여 어떤 방법을 동원하는 것이 최선의 길인지 나는 잘 모르겠다. 그러나 이 글의 構成의 基本構造, 낱말의 배치, 아사꼬(朝子)에 대한 話者(수필적 자아)의 印象의 변화, 回想의 媒體, 두 人物의 공간적 거리의 변화, 이런 것에 관한 논의는 빼놓을 수 없을 것 같다.

1. 構成의 基本構造

이 글은 그 내용의 전개에 따라 작게는 다섯 부분(①-②-③-④-⑤)으로, 크게는 세 부분(①-②③④-⑤)으로 나누어지는데, 여기서 ①은 이 글의 書頭(서론), ②③④는 本文(본론), ⑤는 結末(결론)이다. 그리고 시간적 배경으로 볼 때 이 글은, ①은 현재, ②③④는 과거, ⑤는 다시 현재, 그러니까 현재에서 과거로 돌아갔다가 다시 현재로 돌아오는 짜임(flash-back)이다. 이제 이 글의 구성을 간단히 도식화하면 다음과 같다.

서두 : 현재 ① - 回想의 주요매체(聖心) 제시
본문 : 과거 ② - 첫 번째 만남과 헤어짐
과거 ③ - 두 번째 만남과 헤어짐
과거 ④ - 세 번째 만남과 헤어짐
결말 : 현재 ⑤ - 결론적 감상의 제시

시간적 질서(현재→과거→현재) 위에 놓여 있는 이 글은 우리가 본 바와 같이 3단구성으로 되어 있다. 〈因緣〉은 지난날의 이야기다. 이런 시간적 질서, 이런 3단구성이야말로 지난날의 이야기를 하는 데 가장 효과적이지 않을까 한다.

2. 낱말의 배치

이 글의 낱말의 배치는 퍽 치밀하다. 그러나 그 전부를 검토하기는 어려우므로 서두에 배치된 세 낱말, 즉 '4월', '聖心', '사연'만 살펴보기로 한다.

여기서 '4월'은 단순히 계절적 배경을 나타내기 위하여 배치된 낱말이 아니다. 언뜻 보면 그저 그런 말이지만, 이것은 아사꼬와의 첫 번째 만남과 두 번째 만남에 연결되어 있다. 두 번 다 4월에 만났던 것이다. 그리고 이 두 번째 만남까지는, 아사꼬는 마치 4월처럼 귀엽고 청순한 모습이었다. 그러나 세 번째의 만남에서는 이 낱말이 사라지고 없다. 그때 아사꼬는 시들어 가는 백합이었으니까. '4월'은 계절적 배경을 나타내는 외에 이처럼 아사꼬의 모습을 상징적으로 나타내기 위하여 배치된 것이다.

'聖心'이란 낱말도 단순히 春川의 聖心만을 가리키는 것으로 끝나는 말은 아니다. 이것은 아사꼬가 다니던 東京의 聖心에 멀리 연결되어 있다. 즉, 아사꼬에 대한 回想의 매체가 되도록 배치되어 있는 것이다.

'사연'은 ①과 ②③④를 연결하는 외에 독자의 호기심을 자극하도록 배치된 낱말이다. 독자는 이 사연이 궁금해서라도 ②③④를 읽을 수밖에 없을 것이다.

위에서 말한 대로 이 글의 낱말의 배치는 퍽 치밀하다. 그러나 비단 낱말만이 아니다. 한 예를 들면 ②의 끝 부분에 있는 "나는 아사꼬에게 안데르센의 동화책(뾰죽지붕에 뾰죽창문이 그려진)을 주었다."와 같은 문장이다. 이것은 단순히 작별의 선물을 주었다는 뜻만을 나타내기 위한 것이 아니고, ④에서 "아, 예쁜 집! 우리 이담에 이런 집에서 같이 살아요." 하는 아사꼬의 어린 목소리를 回想할 수 있도록, 그리고 어떤 '부질없는 생각이 스치고' 지나갈 수 있도록 치밀하게 포석된 문장인 것이다.

3. 아사꼬에 대한 印象의 變化

아사꼬에 대한 화자의 인상은, 처음 만났을 때, 두 번째 만났을 때, 세 번째 만났을 때, 각각 한 번씩 꽃으로의 비유로 나타난다. 즉, ② 스위트피, ③ 목련, ④ 백합이 그것이다. 스위트피는 물론 아사꼬의 어리고 귀여움, 목련은 청순하고 세련됨, 백합은 시듦으로써 퇴락함을 뜻한다.

여기서 '스위트피→목련'의 변화가 여성으로서의 아름다운 성장(또는 성숙)을 의미한다면, '목련→백합'으로의 변화는 그러한 성장 다음에 기대되는, 가령 여성으로서의 행복이나 안정 같은 데 대한 좌절을 의미한다. 결국 '스위트피→목련→백합'으로의 이 변화는 아사꼬의 일생을 요약해 보인 것이 된다. ⑤의 "세 번째는 아니 만났어야 좋았을 것이다."라는 이 글의 결론적 감상은 바로 이런 바탕이 있음으로써 아주 자연스럽게(또는 필연적으로) 느껴진다.

4. 回想의 媒體

아사꼬에 대한 回想의 媒體는 많이 있지만, 비교적 그 구실이 강한 媒體를 글의 각 부분별로 하나씩 살펴보면, ① 聖心, ② 운동화(신장), ③ 우산, ④ 뾰죽지붕에 뾰죽창문이 있는 작은 집 등을 찾아볼 수 있다.

'① 聖心'은 위에서 말한 바와 같이 아사꼬를 回想케 하는 가장 중요한 媒體다. 좀 극단적으로 말해서 화자가 출강했던 대학의 이름이 聖心이 아니었다면 그는 그 힘드는 출강을 사양했을는지도 모른다. '② 운동화(신장)'나 '③ 우산'도 물론 回想의 媒體로서의 구실이 퍽 강하다. 그것은 ③의 "나는 아사꼬의 신장은 어디 있느냐고 물어 보았다.", "지금도 나는 여자 우산을 볼 때면 연두색이 고왔던 그 우산을 연상한다." 같은 말에서 알 수 있다. '④ 뾰죽지붕에 뾰죽창문이 있는 작은 집'은 좀더 구체적인 回想을 불러일으키지만, 이것은 위에서 말한 바 있으므로 생략하기로 한다.

그런데 여기 한 가지 유의할 것은, 이 매체들이 불러일으키는 回想의 내용들이 대단히 童話的이라는 사실이다. 이것은 아사꼬에 대한 나(화자, 1인칭주인공)의 사랑이 순수한 童心 위에 놓여 있음을 드러내는 데 결정적인 구실을 하는 것이다.

5. 두 人物의 공간적 거리의 변화

아사꼬와 나는 세 번 만나고 세 번 헤어진다. 세 번 헤어지면서 세 번 다 헤어지는 인사를 나눈다. 이를 간단히 표로 보이면 다음과 같다.

> 첫 번째 : 아사꼬가 내 목을 껴안고 내 볼에 입을 맞춘다.
> 두 번째 : 둘이 가벼운 악수를 나눈다.
> 세 번째 : 악수도 없이 절만 한다.

'입맞춤→악수→절', 이 변화는 두 인물의 공간적 거리가 차차 멀어지는 구조다. 이것은 그들 둘이 결합될 수 없는 운명임을 상징한다. 이 역시 '목련→백합'의 변화와 함께 ⑤의 "세 번째는 아니 만났어야 좋았을 것이다."라는 결론적 감상을 도출해 내는 데 기여한다.

結－

이 글 〈因緣〉은 우리가 이미 본 바와 같이 '현재→과거→다시 현재'의 짜임으로 3단구성을 취하고 있다. 이것은 皮千得이 부여한 秩序다. 이 글의 낱말(문장도 포함하여)들이 그 말뜻을 나타내는 외에 다른 구실을 하는 것, 아사꼬의 인상이 '스위트피→목련→백합'으로 변화하는 것, 두 사람의 공간적 거리가 '입맞춤→악수→절'로 멀어지는 것 등등도 다 皮千得이 부여한 秩序, 즉 그가 치밀하게 구성한 결과인 것이다.

皮千得은 일찍이 그의 〈隨筆〉이라는 글에서 "누에의 입에서 나오는 液(액)이 고치를 만들 듯이 隨筆은 써지는 것"이라고 한 바 있다. 그러나 그렇지 않다는 것은 자신의 〈因緣〉이라는 글의 構成을 분석해 봄으로써 충분히 확인할 수 있다. 隨筆은 隨筆家가 창조한 하나의 秩序의 세계라는 것을 우리는 믿어야 한다.

* 이 글은 筆者의 ≪韓國隨筆文學硏究≫ 所載 〈隨筆文學의 構成考察〉의 앞부분(因緣을 논한 것)을 떼어 改稿한 것이다. －2012.

尹五榮에게 끼친 張岱의 影響
– 〈달밤〉과 〈湖心亭看雪〉의 경우

Ⅰ. 序言

나는 尹五榮의 아주 짧은 수필 〈달밤〉을 좋아한다. 해서 여러 번 읽기도 하고 이 글을 가지고 논문도 썼다.[1] 그런데 우연한 기회에 明나라 張岱의 〈湖心亭看雪〉을 읽고 그 인상이 〈달밤〉에서 받았던 것과 너무 비슷해서 놀란 일이 있다. 그때 나는 〈달밤〉이 혹 이 小品文의 영향을 받은 것은 아닌가 했다.

이제 나는 이 의문을 풀기 위하여 우선 張岱와 그의 〈湖心亭看雪〉이 尹五榮의 눈에 어떻게 비쳤는가를 살피고, 다음

---

1) 〈現代隨筆에 內在하는 古典의 모습〉, 筆者 《韓國隨筆文學研究》 所載.

이 두 작품에 내재하는 공통의 因子를 추출해 보기로 한다. 두 작품은 각각 다음과 같다. 숫자는 설명의 편의를 위하여 붙인 것.

달밤

① 내가 잠시 낙향했을 때의 일.

② 어느 날 밤이었다. 달이 몹시 밝았다. 서울서 이사 온 웃마을 金 군을 찾아갔다. 대문은 깊이 잠겨 있고 주위는 고요했다. 나는 밖에서 혼자 머뭇거리다가 대문을 흔들지 않고 그대로 돌아섰다.

③ 맞은 편 집 사랑 툇마루에 웬 노인이 한 분 책상다리를 하고 앉아서 달을 보고 있었다. 나는 걸음을 그리로 옮겼다. 그는 내가 가까이 가도 별 관심을 보이지 아니했다.

"좀 쉬어 가겠습니다."

하며 걸터앉았다. 그는 이웃 사람이 아닌 것을 알자

"아랫마을에서 오셨소?"

하고 물었다.

"네, 달이 하도 밝기에…."

"음, 참 밝소."

허연 수염을 쓰다듬었다.

두 사람은 각각 말이 없었다. 푸른 하늘은 먼 마을에 덮여 있고 뜰은 달빛에 젖어 있었다.

노인이 방으로 들어가더니 안으로 통한 문소리가 나고, 얼마 후에 다시 문소리가 들리더니 노인은 방에서 상을 들고 나왔다. 소반에는 무청 김치 한 그릇, 막걸리 두 사발이 놓여 있었다.

"마침 잘 되었소. 막걸리 두 사발이 남았더니…."
하고 권하며 스스로 한 사발을 쭉 들이켰다. 나는 그런 큰 사발의 술을 먹어 본 적은 일찍이 없었지만, 그 노인이 마시는 바람에 따라 마셔 버렸다. 이윽고

"살펴 가우."
하는 노인의 인사를 들으며 내려왔다.

④ 얼마쯤 내려오다 돌아보니 노인은 그대로 앉아 있었다.

— ≪孤獨의 反芻≫

湖心亭看雪

① 崇禎 5년 12월에 나는 西湖에 있었다.

② 그때 큰 눈이 사흘이나 퍼부어 湖中에는 사람도 새도 소리가 끊겨 있었다. 그러다가 그날에야 눈이 멎었다. 나는 작은 배 한 척을 잡아, 털옷과 화롯불을 안고 혼자 湖心亭에 가 눈을 보았다.

③ 나무는 하얀 서리가 내려 질펀한데, 하늘은 눈과 더불어, 산은 물과 더불어 모두 하얀 한 빛이었다. 호수의 수면에 비친 그림자는 긴 뚝과 湖心亭 한 점, 그리고 한낱 풀잎 같은 내 배, 배 안에 탄 두어 사람은 낟알만 했다.

湖心亭에 이르니 두 사람이 담요 위에 마주앉았고, 한 아이놈이 술을 데우는데 바야흐로 끓는 소리가 났다. 그들은 나를 보자 깜짝 놀라

"湖上에 어찌 또 이런 분이 있는가?"

하고 반기며, 나를 이끌며 함께 마시자고 권했다. 나는 큰 잔으로 석 잔을 억지로 먹고 일어섰다. 통성명을 하고 보니 그들은 金陵에서 온 나그네였다.

④ 배에서 내릴 때 사공이 혼잣말로 중얼거렸다.

"이 손님을 바보라고 하지 말자. 비슷한 바보들이 또 있던 걸."[2)]

– ≪陶庵夢憶≫

Ⅱ. 尹五榮과 張岱

그러면 우선 張岱와 그의 〈一看雪〉이 尹五榮의 눈에 어떻

2) 이 글의 원문은 다음과 같다.

> 崇禎五年十二月, 余住西湖. 大雪三日 湖中人鳥聲俱絕 是日更定矣. 余拏一小舟 擁毳衣爐火 獨往湖心亭看雪. 霧凇沆碭 天與雪山與水上下一白. 湖上影子惟長堤一痕 湖心亭一點 與余舟一芥 舟中人兩三粒而已. 到亭上 有兩人鋪氈對坐 一童子燒酒爐正沸. 見余大驚喜日 "湖上焉得更有此人?" 拉余同飮. 余强飮三大白而別. 問其姓氏 是金陵人客此. 及下船 舟子喃喃日 "莫說相公痴. 更有痴似相公者." –≪陶庵夢憶≫

尹五榮도 이 小品을 번역한 일이 있는데(≪隨筆文學≫ 1972. 2.), 이 글은 話者가 밤에 看雪하러 가는 것으로 되어 있고 제목도 〈湖心亭小記〉라고 했다. 밤이 등장하는 것은 〈달밤〉과의 비교를 고려할 때 대단히 중요한 점이기는 하나 尹五榮이 사용한 원문을 확인하지 못했다. 그러나 위에 보인 원문으로도 두 작품을 비교하는 데 어려움은 없을 것이다. 〈湖心亭看雪〉은 이하 〈一看雪〉이라 한다.

게 비쳤는지부터 살펴보기로 한다. 수필가로서의 張岱와 수필로서의 〈一看雪〉에 대한 尹五榮의 평가가 충분히 긍정적이라면 〈달밤〉이 〈一看雪〉의 영향 아래 씌어졌을 가능성은 그만큼 커질 것이다.

1. 尹五榮이 본 張岱

張岱는 晩明 小品文의 대가로, 부귀한 가정에 태어나 온갖 사치와 호강을 다 누렸으며, 어려서부터 독서와 문필에 뛰어나 신동으로 불리었다. 그러나 나라가 망하자 집안도 기울어 베옷으로 서글픈 삶을 마쳤다. 그의 저작들은 소실되고 小品文集으로《陶庵夢憶》이 전한다.[3] 그럼 尹五榮은 그를 어떤 수필가로 보았는가?

첫째, 그가 본 張岱는 자신이 포회한 수필의 개념과 완전히 일치하는, 그런 수필을 쓴 수필가였다. 그의 다음과 같은 진술은 바로 그것을 말해준다.

> 隨筆이란 自由로운 散文이다. 隨心所欲에 毫無滯碍한 것이 곧 隨이니 다른 말로 표현하면 獨抒性靈에 不拘格套라는 것이다. ‖ 自由롭다는 말은 古典文章의 일체의 規格과 制限된 思想에서 탈피한다는 뜻이요, 散文이라는 말은 朗誦體에서 오는 對句麗辭와 같은 修辭法을 파기한다는 뜻이다. ‖ 中國文

3) 孟瑤《中國文學史》大中國圖書公司 1978, p.604.

學에서 그 대표적이요 구체적인 예를 抗古革新의 浪漫文學을 제창한 晩明의 小品運動에서 찾을 수 있을 것이니, 이것이 東洋에서의 隨筆의 정확한 槪念이다.[4)]

세간에서는 흔히 隨筆이라면 身邊雜記에 불과한 사소한 文章이라 하여 時事評論的, 文化評論的인 도도한 文章을 에세이文學이라고 바람직하게 생각하는 경향이 있으나 그것은 문학적 성격을 몰각하고 하는 말이다. 中國의 啓蒙期에 그 萬斛의 熱血을 불러일으키던 梁啓超의 大海長江 같은 文章이나 그 亞流의 에세이스트들의 文章도 지금은 과거의 문장이 되어 버리고 오히려 明나라 때 張岱의 小品에서 隨筆文學의 芳香을 느낄 수 있으며, ‖ 여기서도 우리는 문학작품의 성격을 이해할 수 있을 것이다.[5)]

尹五榮이 포회한 수필의 개념이 晩明의 小品文에서 형성되었다면, 그리고 그가 그 小品作家인 張岱의 小品에서 수필문학의 芳香을 느낀다면, 張岱는 尹五榮의 관심을 끌기에 충분하다. 더구나 尹五榮이 본 그는 범상한 수필가가 아니었다. 尹五榮이 번역한 張岱의 글에 〈閔老子의 茶〉라는 것이 있다. 그는 이 글을 번역한 뒤

4) 尹五榮 《隨筆文學入門》 關東出版社 1975, p.117.
5) 尹五榮 前揭入門, p.156.

> 나의 서투른 번역으로도 그 솜씨를 엿볼 수 있을 것이다. 깨끗하고 빈 구석 없이 흐르는 문맥, 간결하고 긴박하면서도 깨끗하게 다듬어 나가는 솜씨, 그 짧은 속에서도 起伏과 濃淡이 있다.[6]

고 하여 張岱의 탁월한 솜씨를 칭찬해 마지않았었다. "文章은 簡潔해야 한다. 文短意長, 글은 짧고 뜻은 길어야 含蓄이 있고 餘韻이 있다."[7]는 尹五榮의 신념으로 볼 때, 그의 눈에 비친 張岱는 가장 뛰어난 수필가였을 것이다. 尹五榮은 또 그의 〈葉茶와 人生과 隨筆〉이라는 글에서

> 첫 번째 芳香, 두 번째 甘香, 세 번째 苦香, 네 번째 淡香, 다섯 번째 餘香이 있어야 차의 일품이라고 한다. 그런 차를 심고 가꾸고 거두고 말리고 끓이는 데는 각각 남모르는 고심과 비상한 정력이 필요하다. 閔翁의 茶가 곧 그것이다. 이 맛을 아는 사람이 곧 張岱다.
>
> – ≪孤獨의 反芻≫

라고 했는데, 이 또한 張岱의 범상치 않은 눈을 찬탄한 말일 것이다.

둘째, 張岱는 "創作은 模倣에서 출발한다. 古人의 名作을

6) 尹五榮 前揭入門, p.116.
7) 尹五榮 前揭入門, p.89.

절단하고 새로운 創作은 없다."[8], "模倣과 創作이란 말은 대립되는 말이다. 그러나 차원을 높여서 보면 創作이란 模倣의 異稱이요, 模倣의 否定인 동시에 그 결과인 것이다. 사실 創作이란 模倣에서 비롯하여 模倣을 脫皮해서 얻는 새로운 價値의 創造를 의미한다."[9]는 尹五榮 자신의 신념과 완전히 일치하는, 그런 수련의 과정을 거친 수필가였다. 그의 다음과 같은 진술은 이런 사실을 드러낸다.

> 明末에 있어서 過去의 傳統的 文章을 반대하고 創新을 주장하여 古典派의 憎惡를 받고, 또 그것으로 하여 中國 新文學運動期에 脚光을 받은 張岱가 있다. 그의 反古創新論에는 筆者도 共鳴하는 바이나, 그의 文集에서 다음과 같은 述懷를 읽고도 느낀 바가 있다.
>
> "내가 袁中郎의 글을 읽은 뒤에 비로소 過去의 古典文章이 오늘의 글이 될 수 없다는 것을 알았다. 過去의 古文을 다 털어 버렸다. 그 후 十年間 나는 公安派의 글이 아니면 읽지 않고 公安派의 글이 아니면 쓰지 아니했다. 그러다가 譚元春의 글을 읽고 나서 十年間 勞心해서 쓴 내 글의 無價値함을 알고 다 불살라 버렸다. 그리고 나는 竟陵派의 글만을 오직 愛讀하고 竟陵派의 글만을 써 왔다. 무릇 七年間을 그렇게 해 왔다. 그러나 나는 차차 그 글에 불만을 느끼고 또 다 불에

---

8) 尹五榮 前揭入門, p.7.

9) 尹五榮 前揭入門, p.159.

태워 버렸다. 그러고 나서 나는 내 自意에서만 글을 쓰고 내가 創造한 글만이 내 法이 되었다. 지금 내 글은 오직 張岱의 글일 뿐이다."

張岱 자신의 글이 나오기까지 十七年間의 苦心의 模倣이 숨어 있었다는 것을 알았다. 그리고 잠시도 머무르지 않고 自己를 成長시켜 부단히 脫皮해 왔던 것이다. 그래서 나는 創作이란 模倣에서 비롯하여 脫皮에서 얻는 새로운 價値의 創造라고 본다.[10]

이로써 보면 張岱는 尹五榮의 신념과 일치하는 그런 수련의 과정을 거친 수필가였을 뿐만 아니라, 尹五榮이 그러한 신념을 구축하도록 작용한 강력한 影響源일 수 있으리라는 추측도 가능해진다. 尹五榮이

明淸 小品을 槪觀하면 淸新한 것을 취한 나머지 含蓄味를 잃은 것이 袁中郎 一派의 글이요, 이미지에 치중한 나머지 流麗한 맛을 잃은 것이 譚元春 一派의 글이요, 두 점을 다 살려서 조화시켜서 새로운 文章을 성취한 것이 張岱의 글이라고 할 수 있다.[11]

라고 한 말도 위와 같은 문맥에서 이해할 수 있다.

---

10) 尹五榮 前揭入門, p.188.
11) 尹五榮 前揭入門, p.124.

요컨대 尹五榮의 눈에 비친 張岱는 그가 포회한 수필의 개념과 완전히 일치하는 수필을 쓴 수필가, 문장 수련에 대한 그의 신념과도 완전히 일치하는 수련 과정을 거친 탁월한 수필가였다.

여기서 우리는 두 가지 다시 주목할 점이 있다. 그 하나는 尹五榮이 수필의 개념을 설명하기 위하여 말한 바 '獨抒性靈에 不拘格套'라는 것이 실은 晩明 小品文의 이론가들이 내세운 표어라는 점이요, 다른 하나는 尹五榮이 張岱의 문장 솜씨를 극찬하고 그의 17년간의 모방과 그 후의 성취를 들어 創作論을 펼쳤다는 점이다. 이것은 尹五榮이 그러한 수필의 개념을 포회하고 문장 수련에 대한 그러한 신념을 가지는 데 있어서 張岱의 영향이 컸다는 증거일 수 있다.

2. 尹五榮이 본 〈湖心亭看雪〉

이제 나는 尹五榮이 張岱의 〈-看雪〉을 어떤 수필로 보았는지를 살필 차례다. 한 마디로 그것은 탁월한 작품이었다. 그의 다음과 같은 진술이 바로 그런 사실을 말해 준다.

> 긴 人生을 體驗하며 겹겹이 쌓인 회포가 간단한 두어 마디 엷은 웃음으로 처리된다는 것은 비상한 手法이 아닐 수 없다. 張岱의 〈湖心亭小記〉에서도 이것을 느꼈다. 凡然한 독자는 흔히 이것을 살피지 못하고 남의 글을 가볍게 지나쳐 그 함축

과 진미를 모른다.12)

尹五榮은 이 수필을 張岱의 대표작으로는 보지 않았다.13) 그러나 그는 이 작품을 우리말로 번역하고 우리나라의 현대수필과 견주어 분석하는 일을 말지 않았다. 이것은 그가 이 글을 탁월한 작품으로 생각했을 뿐만 아니라 상당한 애착을 느꼈다는 증거도 될 것 같아 좀더 상론키로 한다.

1972년 11월호≪隨筆文學≫의 '400자 에세이'란에는 우리나라 현대수필가의 작품 네 편과 尹五榮이 번역한 張岱의 〈湖心亭小記〉가 함께 실려 있다. 尹五榮은 그 후 1973년 7월 8일 大邱에서 행한 그의 '隨筆文學의 理論과 實際'라는 강연에서 위에 말한 네 편의 우리나라 현대수필과 張岱의 〈湖心亭小記〉를 견주어 분석했는데 요약하면 다음과 같다. 張文은 〈湖心亭小記〉, 時文는 네 편의 우리나라 현대수필을 가리킨다.14)

1. 張文 : 전문이 한 문단으로 되어 있다. 이는 이 글의 전문이 머릿속에서 완전히 구성되었고, 첫 자에서 끝 자까지 정열과 호흡이 일관되어 있다는 뜻이

12) 尹五榮 前揭入門, p.171,

13) 尹五榮 前揭入門, p.210.

14) 이 講演의 원고는 같은 제목으로 前揭入門에 수록되어 있다.

다. 따라서 글이 견실하다.

時文 : 전문이 넷 내지 다섯 문단으로 되어 있다. 이는 완전한 구성 없이 써 나갔거나 적어도 네댓 차례는 한눈을 팔 여유가 있었다는 뜻이다. 따라서 글이 견실하지 못하다.

2. 張文 : 言語가 모두 實詞로 되어 있어서 글이 올차다.

時文 : 虛詞가 많아 張文과 반대다.

3. 張文 : 알알이 張岱 자신의 글이다.

時文 : 남의 말 또는 그 말의 부연이나 해설이 많아 자신의 창의성을 보여 주지 못한다.

4. 張文 : 짧지만 이야기가 열다섯 개나 들어 있는 濃度 짙은 글이다.

時文 : 말의 골자가 한둘밖에 나타나 있지 않은 농도 없는 글이다.

5. 張文 : 한마디 한마디가 描寫나 記事로 계속돼 나가되 시간이나 공간은 항상 진행되는 데서 포착되고, 音調에는 抑揚이 있고 表現에는 濃淡이 있다.

時文 : 모두가 敍述形, 說明形으로 되어 있다.

6. 張文 : 한마디 한마디 예측할 수 없는 말들로 이어진다.

時文 : 반만 읽으면 그 아래 무슨 이야기가 올는지 짐작이 간다.

7. 張文 : 객관적 수법을 쓴 까닭에 작가가 전면에 나서지 않고, 따라서 글을 다 읽고 나면 글 뒤에 작가의 인품이 떠오른다.

時文 : 주관적 서술로 직접 독자와 대화를 하고 있기 때문에 글이 끝나면 작가도 사라진다.

8. 張文 : 장면 장면이 이미지가 떠오르고, 글 끝에 小說의 클라이맥스 같은 驚異가 있어 여운이 감돈다.

時文 : 아무 것도 떠오르는 것이 없고, 이야기가 끝나면 글도 끝난다.

尹五榮은 이런 대조와 분석 끝에, "그 품격과 깊이 있는 경지는 논외로 하고 그 문장에 나타난 것만 검토해도 이만한 차이를 곧 알 수 있습니다. 그러므로 張文은 읽으면 읽을수록 문장의 묘미를 깨닫고 맛을 느끼지만, 時文은 한 번 읽으면 더 읽을 맛이 없습니다."라고 결론지었다.

나는 위와 같은 尹五榮의 견해에 전적으로 동의하지는 않는다. 가령 1의 경우, 한 문단으로 썼다는 것이 과연 완전한 구성의 증거일 수 있는가? 2의 경우도 그렇다. 言語가 모두 實詞여야만 글이 올차지는가? 이 밖에도 동의할 수 없는 내용은 더 있다. 그러나 이런 사실과 관계없이, 尹五榮이 그 글을 번역하고 위와 같은 견해를 피력했다는 것은, 그가 그 글을 탁월한 작품으로 인정하고 적잖은 애착을 느꼈다는 것이 된다.

이로써 보면, 張岱는 尹五榮에게 있어서 확실히 매력적인 수필가였으며, 그의 〈一看雪(小記)〉 또한 충분히 매력적인 작품에 틀림없다. 그렇다면 尹五榮은 〈-看雪〉같은 그런 수필 한 편쯤 써보고 싶지 않았겠는가?

Ⅲ. 〈달밤〉과 〈湖心亭看雪〉

이제 나는 이 두 작품에 내재하는 공통의 因子들, 요컨대 일치하거나 유사한 점을 밝힐 차례다. 내가 비교한 바에 따르면, 이 두 작품은 그 내용의 전개구조와 문장, 등장인물, 그리고 소재와 주제에서 완전히 일치하거나 현저히 유사한 점이 드러난다.

1. 內容의 展開構造와 文章

우선 내용의 전개구조부터-.

〈달밤〉의 내용은 화자인 '나'가 金군을 만나러 갔다가 모르는 노인에게 술을 얻어먹고 돌아오는 짜임으로 되어 있다. 〈-看雪〉도 '나'가 눈을 보러 갔다가 모르는 나그네에게 술을 얻어먹고 돌아오는 짜임이다. 그리고 둘 다 회상하는 내용이다. 이를 요약하면 다음과 같다. 숫자는 본문에 표시했던 것.

① 달밤 : 내가 낙향했을 때의 회상.

看雪 : 내가 西湖에 있을 때의 회상.

② 달밤 : 金군(달)을 보러 감.

看雪 : 눈을 보러 감.

③ 달밤 : 모르는 노인을 만나 술을 얻어먹음.

看雪 : 모르는 나그네를 만나 술을 얻어먹음.

④ 달밤 : 돌아옴.

看雪 : 돌아옴.

두 글의 ①은 각각 그 서두, 내가 잠시 낙향을 때, 나는 西湖에 있었다, 둘 다 회상을 드러낸다. 한 일치다.

〈달밤〉의 ②는 내가 집을 나선 동기를 말한 부분이다. 표면상 그것은 金군을 만난다는 데 있지만 실은 달을 본다는 데 있다. 이에 대하여 나는 다음과 같이 말한 바 있다.

> 달이 몹시 밝은 어느 날 밤, 나는 웃마을 金군을 찾아간다. 金군에게 어떤 볼일이 있어서 찾아가는 것이 아니다. 볼일이 있었다면 잠겨 있는 대문을 흔들어 보지도 않고 돌아설 리 없다. 나는 그 다음에 혼자 달을 보고 있는 노인에게로 간다. 물어볼 말이 있는 것도 전할 말이 있는 것도 물론 아니다. 다만 달이 하도 밝기에 가서 달빛에 젖은 뜰을 바라보려는 것이다. 나는 꼭 金군이 아니어도 집을 나섰을 것이고, 노인이 아니어도 달빛에 젖은 뜰을 바라보았을 것이다.[15)]

15) 前揭 〈現代隨筆에 內在하는 古典의 모습〉

결국 내가 집을 나선 것은 달빛에 감동되어 그 달을 보기 위한 것이다. 즉, 자연의 아름다움을 보려는 것이다. 이것은 눈을 보러 집을 나선 〈-看雪〉과 현저히 유사하다.

③은 둘 다 모르는 사람을 만나 술을 얻어먹었다는 내용이다. 한 일치다. 그런데 그 모르는 사람은, 노인은 달빛에, 나그네는 눈에, 그러니까 자연의 아름다움에 감동한 사람들이라는 데서 한 번 더 일치를 이룬다.

④는 둘 다 돌아오는 내용이다. 그러나 단순히 돌아오는 모습을 그린 것은 아니다. 〈달밤〉은 나의 말을 통하여 독자의 관심을 노인에게, 〈-看雪〉은 사공의 말을 통하여 그 관심을 나그네에게로 유도하고 있다. 어떻든 내가 만난 사람에게로 독자의 관심을 유도한다는 점에서 이 두 글은 현저히 유사하다. 왜 그랬을까? 尹五榮의 노인과 張岱의 나그네는 다 같이 자연의 아름다움에 감동한 사람, 아니 자연에 동화된 사람으로 각각 그 글의 핵심이 되기 때문일 것이다.

다음은 문장-.

〈달밤〉에서 첫째로 눈에 띄는 문장의 특징은 간결함이다. 한두 군데 만연한 데가 전혀 없는 것은 아니지만 전체로 보아 여간 간결하지가 않다. 특히 ②는 아주 짧은 문장으로 되어 있다. 이것은 가능한 한 虛詞를 배제한 결과다. 尹五榮은 張文을 時文에 견주어 "言語가 모두 實詞로 되어 있어서 글이 올차다."고 했는데, 〈달밤〉이야말로 〈-看雪〉의 이런 점을 지향했던 것은 아닌가 한다.

둘째로 눈에 띄는 것은 전문이 記事(敍事)와 描寫에 치중하고 있다는 점이다. 尹五榮이 時文의 결함으로 지적한 敍述形이나 說明形은 거의 찾아볼 수 없다. 그리고 시간의 변화와 공간의 이동이 어떤 進行感을 준다는 것도 간과하기 어렵다. 이 또한 張文의 "한마디 한마디가 描寫나 記事로 계속돼 나가되 시간이나 공간은 항상 진행되는 데서 포착"되는 점에 주목한 결과가 아닌가 한다.

끝으로 하나 더 지적하고 싶은 것은 전혀 古典(故事) 같은 것의 인용이 없다는 것이다. 그러므로 당연히 그에 대한 부연이나 해설이 있을 리 없다. 이 점도 〈一看雪〉과 일치한다. 尹五榮이 時文을 가리켜 "남의 말 또는 그 말의 부연이나 해설이 많아 자신의 창의성을 보여 주지 못한다."하고, 張文을 가리켜 "알알이 張岱 자신의 글"이라고 한 말을 다시 상기할 필요가 있다.

尹五榮의 문장이 다 간결하지는 않다. 아니, 복잡하고 만연한 문장도 얼마든지 있다. 또 모두가 記事와 描寫에 치중하고 움직이는 시간과 공간을 배경으로 하는 것도 아니다. 古典의 인용이나 그에 대한 부연은 오히려 그의 문장상의 특징이라 할 만큼 도처에 널려 있다. 요컨대 〈달밤〉에 사용된 그의 문장의 특징은 그의 많은 다른 작품보다 훨씬 더 〈一看雪〉에 가깝다고 할 것이다.

2. 登場人物

〈달밤〉에 등장하는 인물은 나와 노인, 두 사람이다. 〈－看雪〉은 나, 나그네 둘, 아이놈, 사공, 이렇게 다섯이지만, 나그네 둘은 한 사람의 구실을 하고, 아이놈은 사건의 진행에 관여하지 않으며, 사공도 독자의 관심을 나그네에게로 유도하는 일 외에는(사건의 진행에) 별 구실이 없기 때문에, 실제로는 나와 나그네의 두 사람 꼴에 지나지 않는다. 이렇게 보면, 〈달밤〉의 '나+노인'과 〈－看雪〉의 '나+나그네'가 서로 대응된다는 점을 발견할 수 있다.

그럼 우선 두 글의 화자부터－. 하나는 달빛의 아름다움에, 다른 하나는 눈의 아름다움에 끌려 집을 나선 사람이다. 그러니까 둘 다 자연의 아름다움에 무심치 못하는 사람이다. 그들은 또 모르는 사람을 만나 술을 마신다. 그러나 둘 다 잘하지는 못한다. 이런 점에서 둘은 서로 비슷한 점을 드러낸다.

다음은 〈달밤〉의 노인과 〈－看雪〉의 나그네－. 노인은 화자가 가도 별 관심을 보이지 않는 반면, 나그네는 화자를 보자 깜짝 기뻐하며 술을 권하는 점에서 다소 대조되는 데가 있다. 그러나 둘은 더 밀도 높은 일치를 보여준다. 그것은 노인과 나그네가 똑같이 자연과 혼연히 일체가 되어 있다는 점이다. 나는 노인에 대하여

〈달밤〉이 보여주는 노인의 성격은 ‖ 달에 취하여 초연히 달을 보는 데서 드러난다. 지금 그에게는 다만 밝은 달이 있을 뿐, 世事와 관련된 것은 하나도 없다. 여기서 우리는 어떤 대상에 초연히 몰입하는 노인의 모습을 볼 수 있다.[16]

고 한 바 있는데, 만일 '달'을 '눈'으로 바꾸어 놓는다면 이 말은 나그네에게도 그대로 들어맞지 않을까 한다. 나그네가 그런 성격의 인물이 아니라면 먼 타향, 인적 없는 추운 정자에 그렇게 앉아 있을 리 없다.

3. 素材와 主題

우선 소재부터—.

〈달밤〉의 중심소재는 달(달빛)이다. 이 글의 달은 화자에게 있어서나 노인에게 있어서나 다같이 親和의 대상이 되어 있다. 즉, 어둠을 밝혀 준다거나(가령 〈井邑詞〉 같은) 그것을 통하여 님을 그리워한다거나(가령 鄭澈의 〈思美人曲〉 같은) 하는 그런 수단적 의미의 달이 아니고 순수하게 친화의 대상이 되는 목적적 의미의 달인 것이다. 아마 이런 달은 月山大君의 〈無心한 달빛만 싣고(秋江에 밤이 드니)〉 같은 데서나 볼 수 있을 것이다. 〈一看雪〉의 눈도 그렇다. 눈은 흔히 부정적 세력(예컨대 成三問의 〈白雪이 滿乾坤할 제〉 같은)이나 純白의 심상(예

16) 前揭 〈現代隨筆에 內在하는 古典의 모습〉

컨대 金笠의 〈月白雪白天地白〉같은)을 드러내는 데 쓰인다. 그러나 이 눈은 역시 순수하게 친화의 대상이 되어 있다. 李齊賢의 〈山中雪夜〉[17]가 혹 그런 눈일까?

〈달밤〉의 또 다른 주요 소재는 술이다. 이 글의 술은 순수한 자연 친화의 매체가 되어 있다. 즉, 자연에 대한 친화의 감정을 더욱 고조시키는 데 기여하는 그런 매체인 것이다. 〈―看雪〉의 술도 마찬가지다. 그러니까 자연 친화의 매체라는 점에서 두 술은 한 일치를 이룬다고 할 것이다. 사족 하나―. 〈―看雪〉의 '큰 잔'이라는 말을 생각하면 〈달밤〉의 '큰 사발'이라는 말도 우연히 쓴 말은 아닌 것 같다.

다음은 주제―.

〈달밤〉에는 주제라 할 만한 것으로서 글의 표면에 나타난 것은 없다. 말하자면 함축적이다. 나는 이 글에 대하여

> 우리는 이 수필을 읽고, 자연과 혼연히 일체가 된 한 東洋的 人間像을 발견하게 된다. 또는 달빛이 주는 感動, 달빛에 순화된 人情을 맛보게 된다. 이 수필이 독자에게 주는 효과는 대개 이런 방향의 것이다.[18]

---

17) 紙被生寒佛燈暗, 沙彌一夜不鳴鐘. 應嗔宿客開門早, 要看庵前雪壓松. (이불도 썰렁하고/등불도 희미하고. ‖ 沙彌는 밤새도록 종도 안 치고,/ 나그네가 일찍 깨서 심술이 났나. ‖ 소나무를 뒤덮는/저 눈 좀 보렴.) ―≪東文選≫

18) 拙稿 〈隨筆文學의 虛構性 考察〉, 명지대학 ≪명지어문학≫ 14호 1982.

라고 한 바 있거니와, 이 글의 주제는 달빛(자연)과의 친화, 달빛에 순화된 인정, 이런 것이 아닐까 한다. 〈一看雪〉의 주제 역시 함축적이다. 여기서도 우리는 눈(자연)과의 친화, 雪景에 순화된 인정 같은 것을 생각해 볼 수 있다. 〈一看雪〉의 이런 함축적인 주제는 〈달밤〉이 함축한 주제의 원형이 아닐까 한다.

이로써 보면, 이 두 작품은 그 내용의 전개구조와 문장, 등장인물, 소재와 주제 등이 완전히 일치하거나 현저히 유사하다는 점을 부인하기 어렵다. 그렇다면 尹五榮은 그의 〈달밤〉을 쓸 때 張岱와 그의 〈一看雪〉을 염두에 두었던 것은 아니었겠는가?

Ⅳ. 結言

이 글은 尹五榮의 〈달밤〉이 明나라 張岱의 〈湖心亭看雪〉의 영향 아래 씌어진 것은 아닐까 하는 자신의 의문을 풀기 위해서 두 작품을 비교해 본 것이다.

나는 이 두 작품을 비교하기 위한 전제로서 尹五榮은 張岱를 어떤 수필가로 보았는가, 〈湖心亭看雪〉을 어떤 작품으로 보았는가 하는 점을 살펴보았다. 결과 張岱는 尹五榮이 포회한 수필의 개념과 완전히 일치하는 수필을 쓴 수필가, 문장

수련에 있어서도 그의 신념과 완전히 일치하는 수련 과정을 거친 탁월한 수필가로, 〈湖心亭看雪〉은 이미 그가 번역하고 분석한 일도 있거니와 역시 탁월하고 애착이 가는 작품으로 수용되어 있었다.

두 작품을 비교함에 있어서는 그 내용의 전개구조와 문장, 등장하는 인물, 그리고 소재와 주제를 고찰했다. 그 결과 두 작품은

> 내용의 전개구조는 화자가 자연의 아름다움을 보러 갔다가 모르는 사람을 만나 술을 얻어먹고 돌아오는 짜임이라는 데서,
>
> 문장은 간결하고 敍事와 描寫에 치중하며, 시간의 변화와 공간의 이동이 어떤 進行感을 주고, 古典(또는 남의 말)의 인용이 전혀 없다는 데서,
>
> 등장인물 중 '나'는 자연의 아름다움을 사랑하고 술을 마시며, '그(노인과 나그네)'는 자연에 초연히 몰입한다는 데서,
>
> 소재 중, 자연(달과 눈)은 순수한 친화의 대상이며, 술은 자연 친화의 매체가 되어 있다는 데서,
>
> 주제는 자연과의 친화, 자연에 순화된 인정임에서

완전히 일치하거나 현저히 유사한 점을 보여 주었다.

물론 尹五榮 자신의 진술이 없는 한, 그의 이 글이 張岱의 영향 아래 씌어진 것이라고 단정하기는 어렵다. 그러나 위와

같은 일치나 유사를 우연으로 돌리기는 더 어려운 일이다. 여러분의 질정을 바란다.

* 이 글은 筆者의 ≪韓國隨筆文學硏究≫ 所載 〈尹五榮에게 끼친 張岱의 影響〉을 改稿한 것이다. －2012.

한 수필가의 시문선(詩文選)

말[言]을 위한 기도

인 쇄 / 2012년 6월 20일
발 행 / 2012년 6월 25일

저 자 / 정 진 권
발행인 / 서 정 환
발행처 / 수필과비평사

출판등록 / 1984년 8월 17일 제28호
주 소 / 서울시 종로구 익선동 30-6
운현신화타워 빌딩 2층 208호
전 화 / (02) 3675-5633, (063) 275-4000
팩 스 / (063) 274-3131
E-mail / essay321@hanmail.net

값 13,000원

ISBN 978-89-97700-28-8 03810